U0031877

中堅
實力
2

台灣中小企業的
峰迴路轉開拓之道

Taiwan
SMEs
Growth
Story

中租迪和（股）公司────【委製】　台灣經濟研究院────【研究】

目錄

第二章　新需求

第三章　新競爭

第四章　新理念

推薦序

即時轉型，搶先布局

台灣經濟研究院院長　林建甫

　　過去的20年間，全球化的浪潮以及資通訊（ICT）產業跳躍式的技術發展，成為企業經營所必須面臨的課題與挑戰，這些因素不但影響了企業在生產面的發展方向，也同時創造消費者新的需求，並改變其偏好。尤其拜科技日新月異所賜，當前企業所面臨的競爭與過去相比早已不可同日而語。企業為了生存必須時時刻刻做好準備，因應不同的環節變化做出調整，才能夠適應瞬息萬變的經營環境。

　　台灣經濟發展歷程中，作為整體經濟中堅力量的眾多中小企業，不僅提供絕大多數的工作機會，不景氣時亦透過吸納就業的方式，為安定經濟發揮強大的緩衝功能，協助台灣經濟度過了一次次危機與考驗。此外，台灣中小企業具備靈活與彈性的特質，不論是早期的輕工業、重化工業時期，或是近期的高科技工業、產業創新與全球布局時期，均能找到應有的角色定

位，成為台灣經濟不可或缺的重要力量。

　　面對如此嚴峻的全球競爭環境，即便是國際大型企業也可能因為無法及時調整，而消失在轉型的浪潮之中。例如智慧型手機問世後，來不及轉型的傳統手機大廠摩托羅拉面臨被收購的命運；大型企業管理模式無法與時俱進及時調整，也讓日本百年老店夏普與東芝半導體被迫轉售他國企業。不過，大企業中也不乏成功轉型的例子，像是美國奇異與亞馬遜，則掌握了大數據與物聯網趨勢，分別由傳統的工業製造以及網路書店，成功轉型為提供工業物聯網和零售商業服務的企業，得以再創發展高峰。

　　一般企業在轉型的過程中，必須經過型態、結構及企業本質上的改變，掌握時效，快速調整以減少風險產生。但中小企業因囿於資金、人力、資訊的弱勢，無法如大企業般以資源整合方式來進行長期改造工作。根據本院的研究歸納，中小企業面對競爭壓力有三種作法；跳脫現況進行轉型升級、突破地理限制向外國際化，以及結合其他中小企業的策略聯盟以應對競爭。

　　繼前次中租迪和與台灣經濟研究院合作出版「中堅實力」一書，完整說明國內中小企業辛酸奮鬥過程之後，今次再以升級轉型為主軸，說明中小企業以供應鏈上下轉移、調整作法，從新趨勢、新需求、新競爭與新理念等四個面向切入，不拘泥

於一般研究理論架構，採用鮮活生動的真實案例呈現。讓讀者能清楚觀察不同動機下，台灣中小企業的轉型過程。未來，研究團隊也將持續就國際化等主題，深入探討台灣中小企業的發展。

　　本書的出版，不僅可作為政府在未來研擬相關政策時的重要參考依據，也提供對國內中小企業與轉型議題有興趣的讀者，認識這群台灣經濟中堅力量的最佳機會，同時給予更多正身處轉型道路上卻感到困惑、躊躇的企業主們，能夠有可依循的標竿。僅向各位讀者做誠摯的推薦。

推薦序

轉身求變，開拓新契機

中租控股董事長　陳鳳龍

在全球化浪潮，複雜的外在環境與嚴峻的市場挑戰下，中小企業面臨巨大的考驗，更圍於資金、技術與人力等種種限制，但他們發揮彈性與靈活的優勢，務實的掌握變革方向，訂定長遠的成長目標，專注在利基領域，找尋、開創新的定位，轉型找到前進的新道路。

面對步步荊棘、處處險關，產量曾占全台七成的社頭襪業，企業家第二代被迫放棄學業，利用類似的製程開發內衣產品，出奇制勝；模具經營者，在事業高峰預見危機，不畏同業譏笑投入產品開發，先蹲再跳，掙得日本客戶的訂單。

還有資源回收業者相信今日的冷門，是未來的明星，投入虧損12年，找出熱裂解廢輪胎的技術，打開應用市場；工具機業者，鑽研同業不想做的產品，以自主研發能力，搭配國際資源，挺過產業價格戰，更不畏紅色供應鏈。

　　在口蹄疫重創畜牧產業時，養豬業者順勢採用國際衛生標準，從牧場到餐桌打造一條龍產銷供應鏈，再從內臟萃取、量產高價值的生技產品；相信危機就是轉機，鋁業被建材市場景氣拖累，業者垂直整合轉往製造業，從小量訂單配合開模，走出夕陽，迎接曙光。

　　書裡收錄了 20 多家中小企業成功轉型的經驗的《中堅實力 2—台灣中小企業的峰迴路轉開拓之道》，是中租控股推動的第二本台灣中小企業書籍，持續以台灣中小企業為軸心，探訪他們面臨「轉型」議題的契機與阻力，走訪台灣北、中、南的中小企業，傾聽他們的聲音，看見他們在大環境下，與時俱進的務實，與市場連結的眼光，創造出的光榮景象。

　　書籍與台灣經濟研究院合作，從學理分析他們的成功，將驅動企業轉型的因素分為四項，新趨勢、新需求、新競爭與新理念，作為書籍篇章的主軸與介紹的分類，再透過專業的筆調，以淺顯易懂的故事，呈現深刻的企業經營之道。

　　我們從成功者發現，強而有力的共同模式，就是從最基本的出發，坦誠的面對企業的優劣勢，積極的發想脫困之道，他們都認知到轉型的艱困不下於創業，以過人的決心、恆心與信心，堅持長期抗戰，才能望見成功。

　　這本書源自於中租控股從 1977 年成立，專注服務中小企業的理念。在 2011 年抱持回饋中小企業的理念，開辦中租中

小企業論壇，邀請產、官、學界同台分享，提供即時的趨勢與寶貴的經驗，在2012年，又思為隱身在台灣各地的隱形冠軍企業，彰顯價值，為穩定台灣經濟的核心力量，留下記錄，而推動了第一本書籍─《中堅實力─台灣中小企業的成長之路》。

在與台灣經濟研究院、商周出版合作下，於2013年發行，而這不僅是中租控股在地回饋的里程碑，更是第一本以台灣中小企業為軸心，民間出版的書籍。內容回顧台灣中小企業60年的發展歷程，搭配各時期的時空背景與政府政策，形塑成的產業聚落，並以北、中、南三個區域的代表性產業企業，描述他們一步一腳印的過程，發揮優勢和打造產品。

而第二本《中堅實力2─台灣中小企業的峰迴路轉開拓之道》，耗費超過三年的實地訪問、研究分析，再重新改寫、編輯製作，內容承載了許多人的付出，累積了點點心血，期望獻給台灣廣大的中小企業，默默奮鬥的所有隱形冠軍，峰迴路轉的開拓了大家的新未來。

前言

轉型是中小企業
超越困境的唯一道路

　　自20世紀60年代以降，台灣從以農業為主幹的經濟體系，逐漸蛻變為以製造業為主幹的經濟體系；近年來，更轉為以服務業、資訊業為主幹的經濟體系。台灣經濟得以長期保持活力，且在全球經濟體系中，佔有不容小覷的一席之地，皆歸功於產業可持續轉型、升級。

　　半個多世紀以來，中小企業一向是台灣經濟的主體，產業轉型、升級的主要動力，即來自各產業的中小企業思變、求變，並著手企業改造、變革；當企業改造、變革蔚為風潮後，必將翻轉、更新整體產業結構。當眾多產業發生結構翻轉、更新後，將進而帶動整體經濟體系結構進行調整，令台灣的經濟實力再上層樓。

時代、產業潮流詭譎多變

　　但進入21世紀後，隨著全球化時代降臨，新興國家紛紛
積極發展經濟，且新科技突飛猛進、日新月異，世界經濟情勢
變遷速度遠勝往昔，更有人稱之為「十倍速時代」。因時代、
產業潮流方向愈發詭譎多變，國際、國內經濟情勢皆日益嚴
峻，台灣中小企業面臨前所未有的巨大考驗，轉型壓力較昔日
有過之而無不及。

　　關於國際經濟情勢，由於地球氣候秩序遭破壞，石化能源
消耗速度有增無減；在可見的未來，國際能源、原物料市場波
動必將加劇，添增企業經營的不確定性。而世界主要國家人口
老化、少子化，幾乎已是不可逆的趨勢，雖衍生新的商機，但
日後勞動力必將有短缺之虞，甚至危及企業營運根基。

　　除此，新興國家經濟崛起，受惠於低廉的勞動成本，或豐
厚的自然資源，快速吸納全球製造業的委外訂單，促使全球產
業供應鏈重組，嚴重威脅台灣以代工為主力業務的中小企業。
台灣中小企業唯有找尋、開創新的定位，方不至被新興國家的
競爭對手所取代。

　　然而，隨著知識經濟時代降臨，愈來愈多產業注重「軟實
力」，加上智慧製造、自動化生產已非癡人說夢話，高度倚賴
低廉勞動成本的代工模式，最大勁敵將是數量、功能不斷攀升

的機器人。國際貿易一直是台灣經濟的命脈，上述國際經濟新潮流、新趨勢，不僅牽動全球產業發展動向，亦直接影響台灣產業榮枯。

市場淘汰賽比往昔更殘酷

近年來，國際市場競爭激烈程度，與往昔不可同日而語，市場淘汰賽持續上演，比往昔更殘酷、更劇烈、更快速。若干企業透過變革、創新，成功力挽狂瀾，若干企業因耽溺於過往榮光，或執迷先前賴以成功的商業模式，無奈成為明日黃花；例如，曾雄霸手機產業的Nokia，已被微軟（Microsoft）收購，Motorola手機部門已遭Google購併，Sony退出個人電腦市場。

關於國內經濟環境，隨著國民所得不斷增長，加上國內勞工、環保意識高漲，勞動、環保法規日趨謹嚴，台灣勞動、土地成本屢創新高。因為企業營運難度提高，導致台灣企業產品國際競爭力每下愈況，愈來愈多企業外移至中國、東南亞國家，不再以台灣為生產基地。

近年來，在台灣的經濟結構中，服務業佔GDP（Gross Domestic Product，國內生產總值）的比重一路攀升，現已高達約70%，且因資通訊科技（Information and Communication

Technology，ICT）出現突破性地成長，劇烈衝擊各產業的商業模式；製造業如何服務化，如何應用最新的資通訊科技，已是中小企業不得不面對的轉型關卡。

面對國際經濟情勢、國內經濟環境劇變，向來嗅覺敏銳的台灣中小企業，較願積極尋求轉型契機，以提昇競爭優勢，化危機為轉機。畢竟，中小企業不比家大業大、根基穩固的大企業，不可輕忽任何「風吹草動」，否則一個疏忽、大意，就可能招來滅門之禍；反之，若能精準預估時代、產業潮流的新方向，就可掌握先機，一躍成為大企業。

中小企業優勢在組織靈活

只是，相對於大企業，中小企業的優勢在於組織較機動、靈活；但劣勢則是，較難獲得最新、完整的產業資訊，更不易研判整體經濟走向，且因規模、資源有限，無法經由內部資源整合，按部就班地進行改革，常常只能且戰且走，邊轉型、邊摸索、邊修正。

發想本書的動機，在於期望藉由研究台灣中小企業轉型的實際案例，挖掘驅動中小企業轉型的因素，及在轉型時，若遭逢不同的壓力、難關，應採取何種因應策略，才能繼續前進；更期望可帶給那些陷於轉型泥淖的中小企業，一些新想法與一

些新啟示。

　　本書採訪的20多家中小企業，皆堪稱成功轉型的典範；它們所面臨的轉型瓶頸，與超越、克服難關的策略與經驗，不僅值得其他中小企業借鏡、學習，亦是政府調整現階段政策、擬定未來相關輔導政策的重要參考依據。

　　歸納、分析20多家中小企業轉型成功的經驗，本書將驅動台灣中小企業轉型的關鍵因素，區分為新趨勢、新需求、新競爭與新理念等四者；並以此四大因素，作為四章的主軸，且依次介紹與之相關的中小企業。

驅動轉型的四大關鍵因素

　　何謂新趨勢、新需求、新競爭、新理念？因外部環境變遷，而造成需求變化，稱為新趨勢；因產業鏈環境改變，所衍生的需求，稱為新需求；由外部環境、產業鏈環境轉變，導致供給與昔日不同，稱為新競爭；企業轉型緣起於企業經營者的新想法，則稱為新理念。

　　不過，驅動一家企業轉型的關鍵因素，有時不只一個，有時多達兩、三個，甚至四個；但為了不重覆敘述，在為25家中小企業分類時，只以最主要的關鍵因素為依歸。

　　因新趨勢而啟動轉型的中小企業，包括雷虎科技、東聯光

訊、寰群科技、嘉一香食品、台灣福昌、樹德企業、福爾銘、佑展企業、地儀光電、環拓科技等10家。因新需求而啟動轉型的中小企業，依次為啟翔輕金屬、家登精密、大通電子、北澤國際、勤億蛋品科技等5家。

　　因新競爭而啟動轉型的中小企業，有大來運動器材、展澄企業、高鋒針織、特鼎工業等4家。因新理念而啟動轉型的中小企業，則有台灣日邦樹脂、品卓企業、捷芮國際、豐禾健康蔬果等4家。

許多企業轉型卻不得要領

　　大企業轉型，猶如讓大象跳舞般不易；但中小企業轉型亦不簡單，若未認清時代、產業趨勢，率爾貿然轉型，等同於自掘墳墓，還不如維持現況。況且，中小企業縱使已是產業特殊領域的佼佼者，但因為只熟悉此特殊領域，不見得可全面掌握產業脈動，遑論釐清整體經濟走向。

　　正因資訊不足，許多中小企業企業主不免猶豫、躊躇，抱持「過一天是一天」、「船到橋頭自然直」的心態，錯估或低估時代、產業新潮流的可能衝擊，就此與轉型先機擦身而過；輕則失去成長動能，只能繼續堅守一方小天地，重則將淪為歷史的煙塵，就此退出產業舞台。

　　只是，仍有諸多中小企業雖知轉型的重要性，卻不願主動轉型，觀望再觀望、等待再等待，非得等到迫不得已時，或競爭對手已大幅超前，才匆促地進行轉型；此時，不僅轉型將事半功倍，成功機率也將大為降低。

　　其原因不外乎，除了資訊有限，無法及時著手轉型，中小企業更受限於人力、物力有限，可選擇的轉型策略不多；企業經營者縱使有心轉型，有時也找不到轉型方向，或不敢投入有限的資源，被迫坐困愁城，或雖已投入轉型，卻總不得要領，日日忙碌不堪，卻始終徒勞無功。

轉型遭遇困難應主動求援

　　綜觀本書20多家成功轉型的中小企業，其轉型的動機、方式雖不盡相同，但相同的是，它們皆從自身利基著眼、著手，摸索出新的方向，而非道聽塗說，盲目跟隨潮流，或病急亂投醫，讓企業陷入更大的危機；且其願為轉型而翻轉企業結構，而非裝模作樣、自欺欺人，高舉轉型旗幟，實則敷衍了事。

　　大企業轉型雖困難，但卻擁有豐沛的資金，可另創或投資新創企業，找尋新的出路；新創企業縱使失敗，也僅僅傷及皮毛，但若成功，就將成為大企業的金雞母。因此，若干大企業勇於多方嘗試，只要有新商機的領域，無不涉足。

　　無可諱言，不乏有中小企業亦仿效此法，但罕見成功者；原因無他，中小企業可投資的金額不多，根本無法延聘優秀的人才，難以在市場上立足。而且，一旦另創或投資新創企業失利，卻可能傷及中小企業筋骨，甚至命脈，得不償失。

　　因此，當中小企業非轉型即有生存危機時，不該迴避、虛應故事，應直接、坦誠地面對，認真思考自身的優勢、弱勢與潛力，如何進行水平延伸或垂直延伸，積極發想脫困之道。轉型猶如戰爭，其艱困不下於創業，時時刻刻都得戒懼、謹慎；因為稍有疏忽，就可能滿盤皆輸。

盲目跟隨潮流必招致失敗

　　許多中小企業轉型失敗主因，在於盲目追求潮流。前些年，房地產市場交易熱絡、獲利豐厚，許多主業與房地產風馬牛不相及的中小企業，也紛紛搶進，最後多半淪為「一案建商」，未蒙其利，反受其害。

　　同樣的，觀光業、生醫業、文創產業、有機農業、綠能產業等，都曾是媒體踴躍報導的熱門產業，亦吸引諸多中小企業一窩蜂投入，企業主們還自認，已用心竭力進行轉型。最後，「蛋塔現象」總一而再、再而三重現，卻少有人記取教訓。

　　例如，台灣四處可見觀光工廠。這些觀光工廠多由廢棄廠

房所改建，美其名注入文創元素，希望可招徠觀光人潮，為企業增加新財源；但大多數觀光工廠設施簡陋，動線亦未曾精密規劃，甚至與市集無異，少有觀光客願意再來第二次，若干觀光工廠更已淪為「蚊子館」。

水平、垂直延伸最易成功

　　本書20多家成功轉型的中小企業，成功關鍵除了願意直接、坦承面對企業困境，務實而不務虛，更在於致力精進製程與產品品質、爭取中高階客群、打進國際市場與擴大國際市場佔有率，或創立自主品牌；其轉型亦非天馬行空，多半由主業進行水平延伸，或垂直延伸。

　　在新興國家紛紛奉行出口導向經濟後，大量廉價產品湧進國際市場，台灣廠商快速被排擠出國際低階市場；而加入世界貿易組織（world trade origination，WTO）後，台灣門戶就此洞開，中小企業連鞏固國內市場，有時亦不可得。

　　若要與新興國家企業開打低價戰爭，台灣中小企業幾乎必敗無疑，唯有開拓國際中、高階市場，方可保有一線生機。然而，國際中、高階市場早已被先進國家企業所壟斷，台灣中小企業想插足其中，唯精進製程與產品品質，或創立自主品牌，別無他法。

精進製程與產品品質，或創立自主品牌，皆無法一蹴可及；甚至辛苦經營了數年，亦僅有小成，只有繼續堅持，才能望見成功的彼岸。此意謂著，轉型實為長期抗戰，企業主若無過人的決心、恆心、信心，縱使目光精準、資源豐沛，最後總將以失敗告終。

企業主應是轉型的發動者

值得一提的是，因資通訊科技技術一日千里，昔日若干只能固守台灣市場的傳統產業廠商，亦有機會開拓國際市場。對這些從未涉足國際市場的中小企業而言，進軍國際市場不僅得延聘、培訓雙語或多語人才，更得密切注意國際市場趨勢，熟稔主要市場的法規、消費者偏愛，並制定符合該市場特性的行銷策略，樣樣都充滿挑戰。

轉型必然伴隨著風險，企業主若不願冒險，就不必轉型；但有時不轉型，風險反而比轉型更大。中小企業轉型，除了引進先進設備、管理規範，研發他人所無的技術，更得有冒險、犯難的精神，踏出早已不再舒適的「舒適圈」，才有機會讓企業脫胎換骨、脫繭而出。

企業主最厭惡赤字，但轉型著眼於短空長多，在過程中，很難避免虧損。企業若因轉型而導致虧損，企業主切忌爭功諉

過，將功勞攬在自身，將過錯推給部屬，否則將嚴重打擊員工士氣，轉型必成空談。為避免爭功諉過，中小企業轉型應以企業主或接班人為核心，否則成功機會微乎其微。

而且，企業轉型絕無法單憑企業主的拚勁、鬥志，更得說服主要幹部同舟共濟，一齊全心投入轉型大業。畢竟，轉型必將犧牲某些人的利益，若主要幹部對轉型陽奉陰違，甚至暗中破壞；企業主就算披肝瀝膽、宵旰勤勞，也獨木難撐大局，轉型恐將進一步、退兩步，永遠走不到彼岸。

企業轉型未來將成為常態

轉型與創業相同，都是摸著石頭過河，前往目標，不但道路沒有路標，就是連道路都得從荊棘叢中自行開闢；且計畫常趕不上變化，企業主隨時都得有應變的準備。倘若發現先前規劃有誤，或時代、產業潮流已然轉向，企業主應儘速調整轉型方向，不應矇著頭繼續向前衝。

時代、產業潮流轉變愈來愈快速，在可見的未來，企業轉型恐將「畢其功於一役」。可能企業剛完成轉型，還來不及修整，就得再次進行轉型；更可能企業還在轉型中途，就得重整旗鼓，進行第二次轉型。轉型將成為常態，而非不得以而為之。

　　在國際市場，韓商、中商是台商的最大勁敵；韓商、中商轉型，其政府皆扮演關鍵角色。本書20多家成功轉型的中小企業，曾藉助政府資源者不多；雖然其家數不多，卻是台灣中小企業的寫照，即大多數中小企業進行轉型時，多半選擇單打獨鬥，不願或不知如何尋求政府助拳。

　　然而，從中央政府各部會、附屬組織，到地方政府各局處，補助、獎勵企業的方案，堪稱玲瑯滿目、無所不有。縱使如此，仍有若干中小企業壓根不知政府有何補助、獎勵方案；就算知曉，補助、獎勵方案申請過程，過於冗長、繁瑣，還有若干不合理的要求，也令眾多企業主望之生畏，寧可不申請。

政府應簡化補助申請流程

　　於是，各級政府種種補助、獎勵資源，常成為大企業與擅長撰寫申請文案中小企業的囊中物，頗不公平。各級政府應化被動為主動，簡化申請格式、流程，協助優良中小企業申請，讓政府資源成為中小企業向前進的動力，使其更具國際競爭力，並創造更多就業機會。

　　除此，更呼籲政府與相關單位，應將所掌握的總體經濟、產業趨勢資訊，適時提供給中小企業，以利其評估轉型相關事宜。且中小企業在規劃轉型時，若遭遇困難，如資訊匱乏、資

金不足、人才短缺等，不一定只能埋頭苦幹，而應主動向外求援，才能快速脫離轉型的幽谷，再創營運的新巔峰！

最後，希望本書可發揮拋磚引玉的功能，讓更多轉型成功的中小企業，願意公開其心法、策略，並鼓勵應轉型而未轉型的中小企業，應知轉型的道路並不孤單，自信、勇敢地踏出轉型的第一步，且走得穩健、踏實！

第一章

新趨勢

1 ｜ 新趨勢勢不可擋
不轉型坐以待斃

　　甫於2016年辭世的英特爾（Intel）前CEO葛洛夫（Andrew Grove），其著作《十倍速時代》（*Only the paranoid survive*）影響相當深遠。《十倍速時代》一書揭櫫，拜科技突飛猛進所賜，人類社會變化速度已較往昔增快十倍，企業若不能適時、及時因應時代潮流變化，隨之調整結構、策略、方向，縱使曾風光一時、不可一世，仍將成為洶湧洪流的亡魂。

　　隨著十倍速時代、全球化時代攜手並至，國際產業任一潮起潮落，甚至風吹草動，台灣企業都無法置身事外；有時，國際市場一個小噴嚏，台灣企業可能就得重感冒。不僅國際化程度較深的資通訊（ICT）產業如此，傳統產業亦是這般，幾無產業例外。

無堅不破、唯快不破

　　周星馳電影《功夫》中的知名台詞，「天下武功，無堅不破，唯快不破」，正適合描述當下的全球產業生態；企業唯有

求新、求快、求變，方能搶佔市場先機，並克敵制勝。前提是，練武者倘若武功根基不深，縱使一心求新、求快、求變，多半先發卻後至，反倒自取其辱；同樣的，企業若無過人的獨家技術、商業模式，即便時時高喊求新、求快、求變，最終必將白忙一場，甚至是自取滅亡。

在數以萬計的台灣中小企業中，雷虎科技、東聯光訊、寰群科技、嘉一香食品、台灣福昌、樹德企業、福爾銘、佑展企業、地儀光電、環拓科技等10家企業，堪稱轉型、升級的典範。10家企業分屬不同產業，求新、求快、求變的原因亦不盡相同；但相同的是，其皆敏銳體察時代、產業潮流變化的徵兆，並適時轉型、升級，終得以在時代或產業潮流轉換軌道之際脫穎而出，成為產業的領頭羊。

原已名列全球前三大遙控模型企業之一的雷虎科技，先前面臨中國企業以低價搶食市場，且隨著社群網路、線上遊戲等新興娛樂崛起，遙控模型市場逐年萎縮，營運陷入進退兩難的瓶頸，不轉型勢必將坐困愁城。

幸而，雷虎科技董事長賴春霖居安思危，在危機未傷及企業根本時，便決定另闢戰場，運用生產遙控模型關鍵零組件的技術，先著手垂直延伸，投入開發牙科醫療器材，之後再進行水平延伸，進軍應用領域日廣的無人機市場。目前，兩者皆成績斐然，成為雷虎科技繼續向前行的新引擎。

唯轉型可保一線生機

原專事生產玻璃汽車燈罩的東聯光訊，在1998年之後，塑膠燈罩躍居汽車燈罩材質主流，業績直線滑落，唯轉型方可保住一線生機。在現任董事長林資智的帶領下，東聯光訊引進鍍膜技術，並延伸應用原有的核心技術，成功跨足光學產業，現已躋身全球四大投影機燈泡反射鏡廠商之一，亦是台灣唯一可生產此產品的廠商。

創業初期以晶片教育訓練為主要業務的寰群科技，因晶片代工生產基地紛紛遷至中國，不得不多方嘗試轉型，以另謀出路。不過，寰群轉型之路頗為崎嶇，雖然技術精良、創意過人，但多項創新產品卻不受市場青睞，一度債台高築。

寰群科技創辦人兼董事長陳宏昇卻不氣餒，鼓足勇氣屢敗屢戰。近來，寰群科技力推機車防盜keyless（免鑰匙）產品，並主攻機車後裝市場，終獲市場熱烈迴響；現正準備切入防盜keyless市場，更將推出掃地機器人，努力為企業開創新的利基。

轉型之後從谷底彈升

台灣昔日曾是養豬王國，但在1997年爆發口蹄疫後，迄

今仍無法自疫區中除名，導致豬肉無法外銷，養豬相關產業遭受重創，從黃金產業淪為夕陽產業；橫跨飼料、養豬、肉品銷售、肉品加工等領域的嘉一香食品，亦成為重災戶。

嘉一香食品創辦人兼董事長陳國訓卻選擇危機入市，擴大佈局養豬相關產業上、中、下游，完成「一條龍」產銷供應鏈，不僅自行生產豬隻飼料，從豬隻飼養、人道屠宰，到低溫分切、低溫運送，皆無須假手其他業者，且符合國際衛生標準。嘉一香食品更創立肉品專賣店，建構自主通路。

此後，嘉一香食品更將台灣經驗複製至中國，未來不僅將以中國為主戰場，更將以其為生產基地，揮師國際市場；自數年前起，其更投資成立生物科技企業，積極準備下一輪的轉型。

與嘉一香食品同屬養豬相關產業的台灣福昌，專攻種豬育種；當台灣爆發口蹄疫疫情下，其幾乎慘遭滅頂。在台灣被列為口蹄疫疫區後一年，台灣福昌即搶灘中國市場，在廣州市創立種豬旗艦場；經過近20年的努力，不僅成功從谷底彈升，產能、業績更遠勝過去。

收納用品大廠樹德企業，亦曾紅極一時，卻先後遭逢獲利衰退危機與震災、火災重創。但在企業第二代、現任董事長暨總經理吳宜叡的擘畫下，致力提升產品設計品質，並調整企業體質、結構，從以內銷市場為主，轉為全力開發國際市場，

並建立自主品牌，終於脫困解厄，且知名度、影響力皆再上層樓。

在金融海嘯壯士斷腕

　　福爾銘剛創立不久，便遇到全球金融海嘯，原本抱持雄心壯志，想在電子業開疆闢土的創辦人兼董事長劉福助，只得先產製光碟片、咖啡杯，以求在海嘯衝擊下倖存。但就算得借貸度日，他仍擠出時間、經費，致力研發模內硬體成型轉印（in-mold decoration by roller，IMR）技術。

　　機會總是留給已做好準備的人。2014年年底，中國政府嚴格執行環保政策，強化管控高污染產業，電子產業首當其衝；福爾銘IMR因使用環保材質，諸多電子廠商在提高製程環保標準時，紛紛向其採購。

　　之後，福爾銘除了深耕電子產業客戶，亦努力開發塑膠射出成型廠商客戶，進一步拉抬業績；針對塑膠射出成型廠商，福爾銘不僅轉移IMR技術、販售IMR材料，並為其設計IMR製程相關設備，並提供售後服務。因為IMR技術卓越超群，更吸引電子大廠、創投公司注資，終讓福爾銘營運轉危為安。

　　主力產品為中、小型汽車模具與零組件的佑展企業，當全球金融海嘯鋪天蓋地襲來時，其勇於壯士斷腕，及時裁減員

工、出售廠房、清償銀行貸款與協力廠商貸款，終於保留一線
生機。在金融海嘯浪頭遠去時，佑展企業迅速東山再起，業績
現已更勝往昔。

黑天鵝效應難測難防

　　從未盲目追求產業潮流的地儀光電，沒想過擠在熱灶旁，
以期可分一杯羹，總默默、認份地燒著冷灶，即多功能事務機
（multi function product，MFP，結合掃描器、印表機）、光學
尺、伺服器玻璃與零組件。雖是冷灶，卻滋養地儀光電持續茁
壯；在未來十年，其已確定可穩健成長，且不會出現可與之匹
敵的競爭對手。

　　成功關鍵與地儀光電頗為接近的環拓科技，在大多數創業
者都投向最熱門的產業時，卻選擇相對冷門的資源回收業，專
攻廢輪胎回收、再利用。歷經十餘年的奮鬥，當同行者紛紛陣
亡、退出，環拓科技卻研發出獨步全球的熱裂解，終於看見彼
岸的光景；在可見的未來，環拓科技不僅將擴大熱裂解技術應
用層面，更嘗試整廠輸出，可望帶動台灣資源回收產業的蛻變
與躍進。

　　總結此10家中小企業的轉型歷程，驅動其轉型、升級的
壓力，包括黑天鵝效應（Black Swan Effect），與受全球經濟

重心轉移與區域經濟整合、產業結構變化影響，與兩岸產業的
優勢消長。

　　黑天鵝效應為美國學者納辛‧塔雷伯（Nassim Taleb）所
提出，黑天鵝指未曾預料會發生、但卻真的發生的負面事件，
如火災、大地震、口蹄疫疫情、全球金融海嘯等；當負面事件
到來時，常讓企業頓時攻守失措、進退失據，甚至蒙受巨大的
損失，或不支倒地。

全球化成黑天鵝溫床

　　近年來，國際政治、經濟情勢瞬息萬變，天災、人禍頻
仍，黑天鵝隨時都可能橫空而至；台灣企業若不深化、強化應
變能力，即使再認真、再努力，亦可能敵不過威力強大的黑天
鵝效應。企業應抱持「勿恃敵之不來，恃吾有以待之」態度，
以防黑天鵝降臨。

　　然而，全球化雖令諸多商品物美價廉，但一榮難以俱榮，
一損卻將俱損，單一國家、地區的黑天鵝事件，卻也將迅速
影響國際經濟，甚至造成產業供應鏈斷鏈，危及諸多企業的營
運、存續。且隨著全球化腳步加快，產業重心轉移、區域經濟
整合速度更勝以往，黑天鵝事件實防不勝防。

　　近20年，黑天鵝事件可謂屢傳不鮮。在台灣，1999年的

921大地震、2003年的SARS風暴、2005年的雙卡風波等，無不釀成慘重的經濟災情；在國際，1997年的亞洲金融風暴、2000年的網路泡沫化危機、2001年的911事件，與2008年的全球金融海嘯等，則讓數以萬計的中小企業被迫歇業。

然而，黑天鵝事件既是危機，卻也蘊含著轉機、契機。2008年，美國因次級房貸風暴衍生金融海嘯，黑天鵝效應數日內便殃及世界各國，原本欣欣向榮的全球經濟應聲倒地；但歐、美、日等先進國家經濟仍低迷不振時，新興國家已展現強勁成長動能，率先自經濟衰退中復甦，若干產業更逆勢成長，日後更強上加強。

全球經濟重心正位移

防範無可預測的黑天鵝事件，並非杞人憂天；因應徐步漸進的全球經濟重心轉移、區域經濟整合，更得提前佈局。全球化時代來臨，世界各國的經貿往來、互動，遠較昔日頻繁、鉅量。而資通訊科技日新月異，且國際關稅壁壘紛紛撤除，稍有規模的企業，包括台灣企業，特別是製造業，多半選擇將生產基地遷移至生產成本較低廉的國家，全球產業供應鏈分工愈發細密，世界各國經濟如唇齒相依，聯結益發緊密。

早年，大多數新興國家閉關自守，奉行進口替代、工業

自給自足的經濟政策，對國際貿易、投資態度消極。但近20年來，新興國家經濟政策紛紛改弦易轍，改採出口導向經濟政策，積極爭取外資企業投資、設廠，重組全球經濟風貌、結構。

若干土地廣袤、人口眾多、資源豐沛的新興國家，如中國、印度、巴西、俄羅斯等金磚四國，與印尼、泰國、越南、墨西哥、土耳其、馬來西亞等，既擁有數量可觀的低廉勞工，又是潛力豐厚、亟待開發的市場，其崛起使國際貿易、企業爭霸之競爭更為激烈，並劇烈衝擊原有的生產體系。

在諸多新興國家搶攻低階產品市場的擠壓下，台灣已出現長期出口衰退的警訊，且尚看不到振衰起敝的信號，代表在全球產業供應鏈中，台灣企業的重要性、影響力與日俱降，且逐漸被新興國家企業所取代。

台灣出口已出現警訊

中小企業所受之衝擊，更遠大於家底雄厚、根基穩固的大型企業。在全球產業供應鏈中，台灣中小企業如何努力「卡位」，或尋覓新的定位，重新建構不易被超越的競爭優勢，已是刻不容緩的重大經濟議題。

除了新興國家勃興，台灣常被排擠在區域經濟整合的門牆

外，亦是中小企業再創榮景的一大利空。在21世紀，區域經濟整合已成不可逆的國際趨勢，簽訂區域貿易協定（Regional Trade Agreement，RTA），更不時成為會員國內部政治角力的引爆點。

簽訂區域貿易協定，確有助於促進會員國間的相互貿易，提升總體貿易量；但對非會員國的企業而言，卻得面對較高的稅率，反倒形成不平等的貿易壁壘，立足點已略遜一籌，若無讓會員國企業難以匹敵的卓越技術、服務、品牌，不久後恐將被迫淡出各會員國市場。

台灣經濟成長，向以外銷為火車頭，唯有廣泛參與區域經濟整合，方可確保在國際舞台，中小企業得已與他國敵對企業進行公平競爭，否則將未戰先敗；但礙於國際政治現實，其困難度遠高於其他國家。

原有產業結構已裂解

當下，歐盟、北美自由貿易區、東協為全球三大經濟整合區域。晚近，台灣與歐盟、北美自由貿易區的貿易依存度起伏甚微，但在此兩大市場，台灣昔日較具競爭力的機械、電機設備，市佔率卻逐年下滑，意謂台灣比較利益優勢已漸次消失，不敵生產成本更低廉的新興國家。

　　國際政治、經濟地位穩定提升的東協，其佔台灣出口比重逐年攀昇，台灣對其貿易依存度亦大幅提升。值得憂心的是，台灣迄今尚未被納入任一亞洲區域經濟整合協定中，在區域經濟整合效應持續發酵下，對台灣與會員國貿易衝擊日劇，將成為台灣經濟發展的一大憂患。

　　有時，雖無黑天鵝驟至，全球經濟重心轉移、區域經濟整合腳步亦相對緩慢，但產業內部變化卻甚為迅猛，應變不及的企業，多半將魂歸離恨天；導致產業內部發生變化的原因，包括政府緊縮環保政策、製程或材質技術出現新的突破，致使原有穩定的產業結構快速裂解，而新的產業規則、秩序，則仍在建構中。

　　由於環境污染、氣候異常仍持續惡化，全球環保意識高漲，各國政府紛紛提高環保標準，要求產業製程朝無毒、環保方向前進。例如，歐盟的RoHS（Restriction of Hazardous Substance Directive，危害性物質限制）指令生效後，嚴格限制進口的產品，不得使用某些對人類有害的金屬；不願、無力投資環保製程或研發環保材質的中小企業，就將被拒於門外，壓力頗為沉重。

環保政策緊縮影響大

不僅各國政府環保政策日趨謹嚴，愈來愈多消費者堅持綠色消費，要求企業簡化產品包裝、使用安全材質與再生能源，否則便予以抵制；生產消費終端產品的企業，若不改弦易轍，恐難以在消費市場繼續立足。

除此，知識經濟時代、工業 4.0（industry 4.0）時代更連袂而至，且勢不可擋，徹底翻轉產業結構、商業模式，對企業影響之深遠，較各國環保政策緊縮有過之而無不及；在可見的未來，如何追求產品高值化、製程智慧化，已成全球企業的共同挑戰。

1996 年，在經濟合作暨發展組織（Organization for Economic Cooperation and Development, OECD）發表的報告中，首度使用知識經濟一辭。知識經濟意指，以知識進行生產、分配的經濟型態，與傳統經濟型態最大差異在於，前者擴大利潤的主要方式，為創新、提高產品質與服務品質，而非壓低生產成本，或以擴大生產規模取勝。

知識經濟時代來臨，技術創新必將日新月異，企業研發經費必將節節高升，知識財產權戰爭將成商戰常態；中小企業已難再仰賴抄襲、模仿維生，非投注人力、物力進行研發與創新，不足以持盈保泰、永續經營。若擁有超凡的技術、知識，

中小企業亦可跨足國際市場，更有機會茁壯為大型企業。

難靠抄襲、模仿維生

工業4.0，又被稱為第4次工業革命（four industrial revolution），指製造業製程將大舉資訊化、智慧化；自2011年以降，先進國家紛紛擘劃產業升級計畫，以期在工業4.0時代搶得機先。

2011年，美國政府推出「AMP（Advance manufacturing partnership，先進製造業夥伴關係）計畫」，希望藉此重登全球製造業霸主寶座。2012年，德國政府研擬「工業4.0計畫」，期待鞏固製造業既有優勢。

2013年，日本政府規劃「日本產業重振計畫」，旨在透過技術、設備研發，激勵製造業重返榮景。2014年，韓國政府佈達「製造業創新3.0策略」，輔導中小型製造業建立智慧化、最佳化的生產流程。2015年，中國政府頒佈「中國製造2025」方案，以國家力量促使製造業資訊化、智慧化，協助其添購高端製造設備。

至於台灣，行政院已於2015年舉辦「生產力4.0科技發展策略會議」，制定「生產力4.0科技發展方案」草案，內容為透過物聯網，將製造業產銷資訊數位化，並將物聯網網絡延伸

至機器端，以建置機聯網；再藉由系統管理、巨量資料技術，逐步落實智慧化生產的目標。

少子化、高齡化衝擊

先進國家與台灣致力促進製造業製程智慧化，目的不僅是為了節約生產成本、加快生產速度、提振國家競爭力，更為了抵禦人口高齡化、少子化浪潮襲擊，防範勞動力日益短缺之影響。

人口持續高齡化、少子化，已是台灣極為嚴峻的國安議題。在經濟面，其造成勞動力下降、創新能力低落，整體稅收、企業產能遞減，加上大多數銀髮族理財觀較為保守，仰賴昔日積蓄度日，更將抑制資本市場動能，不利於整體經濟發展。

從1993年起，台灣便已正式進入高齡化社會；到了2013年，65歲以上的銀髮族，已佔台灣總人口的11.5%，此後比例只漲不降。未來，銀髮族醫療與長期照護費用，及社會福利支出，額度將一年高於一年。

台灣人口高齡化速度，已在世界各國名列前茅，而生育率之低，更已數年居全球末位。根據中研院的調查，在2013年時，台灣女性平均一生僅生育1.065名子女，已是實質的一胎

化，此後生育率亦未顯著上揚。首當其衝的產業，當屬嬰幼兒、教育相關產業，而獲利與人口紅利息息相關的產業，如房地產產業、醫療產業等，前景亦相對黯淡。

中國崛起成台灣勁敵

此外，與其他國家相較，台灣經濟受中國政治、經濟影響程度更深，兩岸產業競合、優勢消長趨勢，更可能決定中小企業的興衰、存亡。

過去三十多年來，中國大舉進行經濟開放，憑著低廉的土地、勞動力，吸引世界各國企業前往投資、設廠，包括台灣企業，並躍居「世界工廠」。許多台灣企業採「台灣接單、中國生產、行銷世界」的營運模式，但在中國企業實力提升後，此模式漸遭瓦解。

在政府政策強力支援下，中國逐漸降低商品進口比例，製造業更積極搶攻國際市場，成為台灣企業的勁敵，日後兩造競爭將更為激烈。同時，在中國發展的台灣企業，向台灣採購工業原物料、機器設備的數量，也逐漸萎縮，對台灣企業形成雙重打擊。

綜觀上述潮流、趨勢，台灣中小企業處境實頗為艱辛，不僅內憂、外患交逼，只要棋失一著，可能便滿盤皆輸，若不轉

型、升級，未來道路將愈走愈窄，甚至是坐以待斃，但轉型、升級過程，亦是步步荊棘、處處險關。因此，雷虎科技、東聯光訊等十家轉型成功的企業，更顯難能可貴，值得其他中小企業參考、借鏡。

2 遙控模型大廠雷虎科技
跨足牙科、無人機產業

　　若說樂高（LEGO）是丹麥的驕傲，雷虎科技則堪稱台灣的樂高。已從中、小企業躋身上市櫃公司之林的雷虎科技，早已名列全球前3大搖控模型企業之一，並擁有thunder tiger、ACE R/C、MRP、Team associated、Factory Team、Reedy等自主品牌，實為少數可領導全球產業潮流的台灣企業。

　　遙控模型主力客群，向為20歲至30歲的男性；但近年來，因社群網路、線上遊戲勃興，娛樂選擇愈來愈多元，導致雷虎科技主力客群快速流失。原本，遙控模型已屬小眾市場，在社群網路、線上遊戲的強力競爭下，產業更面臨嚴峻的衰退危機；遙控模型企業若不及時轉型，生存空間勢必日益緊縮。

台灣首家遙控模型企業

　　幸而，雷虎科技董事長賴春霖洞燭機先，在衰退危機來臨前，已將企業核心技術，即研發、生產遙控模型關鍵零組件的技術，先垂直延伸至開發牙科醫療器材，再水平延伸至開發無

人機,且兩者皆卓然有成;不僅讓雷虎科技轉危為安,更使其業務日益枝繁葉茂,卻皆生氣蓬勃。

1979年,自幼熱衷遙控模型的賴春霖,創辦雷虎科技,將興趣落實為志業、事業;絕大多數遙控模型賣家,終生守護一家小店舖,但他卻將遙控模型模組化,大幅拓展市場,打造台灣首家遙控模型企業,更運用「故事行銷」策略,成功進軍國際市場。

隨著企業不斷擴大,雷虎科技產品品項不斷擴增,當下的主力產品,包括遙控車、遙控船、遙控飛機、模型引擎、遙控直升機、小型氣渦輪噴射引擎,與無人機、遙控器等周邊產品,及利用直流無刷(brushless direct current,BLDC)動力的綠能機電產品,如籬笆剪、吹葉機、排風扇、電動修枝剪、無刷馬達鏈鋸機等。

2007年,雷虎科技由上櫃公司升等為上市公司,成為全球R/C(radio control,無線電遙控)產業首家股票上市公司。如今,雷虎科技更利用不同國家的優勢,完成全球佈局,在台灣台中市成立研發與管理中心,在中國浙江省餘姚市設置生產基地,並在美國洛杉磯、德國設點,作為美洲、歐洲行銷中心。

企業轉型過程困難重重

在全球R/C產業中，從產品企劃、研發、生產，到品牌行銷與市場配銷，雷虎科技是唯一完成垂直整合的廠商，國際競爭力強大。居安思危的賴春霖不以此自滿，積極、持續進行轉型；2013年，雷虎科技將旗下的醫療器材事業處，獨立為雷虎生技，而在可見的未來，仍將陸續成立新公司，轉攻其他領域。

「成立30多年來，雷虎科技歷經數次轉型；每次轉型皆備極艱辛，許多次嘗試以失敗告終，有時甚至辛苦到想要跳樓！」賴春霖不諱言，每逢經濟型態轉變，大多數中、小企業都得嘗試轉型，不轉型可能遭時代洪流吞噬，但轉型之路困難重重，失敗者遠多於成功者；於是，即使變局近在眼前，眾多台灣傳統產業的中、小企業，依然畏懼轉型，寧可故步自封、撐一天是一天。

在創立約10年後，即約1989年，全球自動化生產蔚為風潮，雷虎科技毅然從人工生產轉為自動化生產，產能大幅提升，產品市佔率亦直線飆漲。1990年，賴春霖認為人口紅利將逐漸消失，於是決定揮師人口仍快速增加的中國，奠定邁向國際級企業的基礎。

20世紀90年代，為了掌握遙控飛機引擎關鍵技術，雷虎

科技與工研院航太中心（現已被併入機械與系統研究所）合作研發小型渦輪噴射引擎；在採購生產小型渦輪噴射引擎的相關設備時，賴春霖發現，其亦可製作牙科醫療器材，如牙科臨床必備的牙科手機（dental handpiece，又稱鑽牙機），正是雷虎科技轉型、跨業發展的最佳契機。

與世界第2大業者結盟

牙科醫療器材市場相當穩定，較不受景氣榮枯影響，但長期為德國、日本品牌所壟斷；在眾新興國家大力發展經濟後，市場擴張頗為迅速，新品牌有機會搶佔一席之地。自2001年起，雷虎科技著手研發牙科手機；到了2005年時，終於瓜熟蒂落，並創立牙科手機自主品牌TTBIO。

「研發牙科手機技術，既耗時、又耗錢，只能以本業的利潤來支撐。」賴春霖苦笑地說，產品行銷比技術研發更加困難，初期很難說服客戶，「玩具商」亦有能力生產優質牙科手機。縱使雷虎科技密集參加國際醫療器材展覽，牙科手機銷售成績依然不見起色。

經與醫療器材大廠結盟，雷虎科技終於打入全球牙科手機的通路，並獲得技術奧援，產品品質得以再上層樓，讓牙科手機成為企業另一條生命線，有餘裕開發其他牙科醫療器材。

2008年，雷虎科技與世界第2大牙科手機廠W&H簽訂策略聯盟，W&H提供雷虎科技最先進的牙科手機技術，雷虎科技則為W&H代工生產牙科手機。兩家企業更在中國合資成立行銷公司，銷售W&H與雷虎科技的牙科醫療器材，合力紮根中國市場。

正搶進高階無人機市場

2011年，雷虎科技將TTBIO品牌交由全球最大醫療器材通路商漢瑞祥（Henry Schein）行銷，快速切入國際市場，並取得漢瑞祥在中國、香港的獨家代理權，無異如虎添翼。兩家企業亦合資創辦雷祥生技，由雷虎科技專事牙科手機研發、生產與製造，雷祥生技負責TTBIO品牌全球銷售、售後服務事宜。

「在牙科醫療器材市場，德國企業是雷虎生技品質的對手，中國企業則是雷虎生技價格上的對手。」賴春霖透露，雷虎生技努力耕耘中階牙科醫療器材市場，但韓國企業亦來勢洶洶，競爭愈來愈激烈。

除了在牙科醫療器材市場立穩腳跟，雷虎科技亦大力搶進高階無人機領域。當下，無人機愈來愈火紅，Google、GoPro與Facebook等國際大廠亦虎視眈眈其應用市場。雷虎科技已

可自製無人機馬達、螺旋槳，現正與德國、美國、中國廠商，合作開發無人機應用軟體，力圖在高階無人機市場另闢蹊徑，創造新的商機。

　　根據國際無人載具系統協會的統計，在10年後，無人機全球市場規模將達1400億美元，為現今全球半導體設備市場的3.5倍，為成長最迅速的產業之一。至於無人機相關零組件商機，如鏡頭、感測器、導航系統等，預計到2020年時，市場規模亦可達5.6億美元，若計入其他潛在商機，如無人機的應用商機，其商機將更為可觀。

切入新興國家教育體系

　　目前，無人機產業龍頭為中國大疆（DJI），在全球民用無人機市場，其市佔率已逾50%。然而，在國際觀感上，台灣領先中國甚多，當無人機進行商業應用時，台製產品將較獲青睞，此正是雷虎科技追趕大疆的最重要優勢。

　　只是，中國無人機起步較早，在無人機軟體技術上，台灣企業約落後中國企業10年。賴春霖直言，雷虎科技難以在消費型無人機市場與中國企業相抗衡，因此全力專攻農業、水質監測、救災與公共安全等商用領域，以期創造差異化的需求。

　　「早期，雷虎科技訂單多來自先進國家。但在未來，開發

新興國家市場，將是雷虎科技的重點目標之一。」賴春霖直言，新興國家國情、文化與先進國家大不相同，若銷售相同的產品，很可能鎩羽而歸，唯有針對該國特殊國情、文化，量身訂製產品，方能提高成功的機率，「突破新興國家市場的最佳策略，應先從教育系統著手；雷虎科技期望在新興市場銷售無人機，便主攻學校，希望成為其科學教育器材。」

　　放眼未來，賴春霖透露，雷虎科技將鎖定綠能、農業、醫療為3大領域，持續進行創新與顛覆，並計畫將跨業發展的數個部門，獨立成新公司，雷虎科技則將轉型為控股集團，以強化企業競爭力！

雷虎科技小檔案：

創立：1979年

創辦人：賴春霖

產業別：無人機、遙控模型、牙科醫療器材

地點：台中市西屯區

員工數：70多人（台灣）、雷虎生技員工數約100餘人

海外據點：中國、美國、德國

轉型心法：將原有核心技術，進行垂直、水平延伸，跨入其他產業，與國際企業結盟，提升技術、開拓通路，以產品差異化策略，搶灘新興國家市場。

3 | 東聯光訊化危機為轉機
躋身光電產業元件要角

　　套用周星馳代表性電影《鹿鼎記》中的經典台詞，當經濟、產業結構發生典範轉移時，中、小企業轉型九死一生，但中、小企業不轉型，恐將十死無生。

　　專注玻璃生產已近半世紀的東聯光訊，主要業務原為產製玻璃汽車燈罩；但在1998年後，玻璃汽車燈罩逐漸為塑膠燈罩所取代，業績開始萎縮，若不及時轉型，可能將在時代洪流中滅頂。

從岌岌可危到蒸蒸日上

　　幸而，在現任董事長林資智的主導下，引進鍍膜技術，東聯光訊將原有核心技術進行延伸，成功跨入光學產業，躍居全球4大投影機燈泡反射鏡廠商之一，亦是台灣唯一的生產商。接獲國際大廠飛力浦（Phillips）投影機燈泡反射鏡訂單後，業績蒸蒸日上，不僅脫離岌岌可危的困境，更躋身興櫃公司之林。

　　目前，東聯光訊橫跨汽車、光學2大產業，主要產品包括汽車、機車車燈燈罩與聚光鏡，與投影機、背投影電視燈泡反射鏡，工廠分別位於桃園市蘆竹區、中國蘇州工業區，更吸引富邦集團、裕隆集團、大億堤維西集團投資。

　　東聯光訊擁有模具開發、光學鍍膜、玻璃材料開發、玻璃精密成型等核心技術。在台灣、中國玻璃汽車燈罩OEM（original equipment manufacturer，代工生產）市場，其市佔率高達70%，產品普遍應用於各大車系。

　　至於投影機燈泡反射鏡，東聯光訊主要客戶為飛利浦、歐司朗（ORRAM）、USHIO等世界級照明大廠，產品廣泛應用於中強、BenQ、SONY、SHARP、TOSHIBA等知名品牌的投影機，全球市佔率約25%。

半年讓老企業重回正軌

　　在玻璃汽車燈罩市場，領導者仍是德國、法國廠商，東聯光訊現正積極追趕；中國業者雖來勢洶洶，並祭出低價策略，但汽車產業安全至上，迄今仍未造成威脅。由於背投影電視產業逐漸萎縮，在反射鏡市場，東聯光訊主攻投影機市場，主要競爭者則為德國、日本廠商。

　　東聯光訊成立於1967年，創辦人為林資智的父親、第1任

董事長林忠義。東聯光訊原名日茂玻璃，廠址起初位於臺北市
萬華區，後遷至新北市鶯歌區，早期產品為燈飾、水果盤、玻
璃杯等。一次出國參訪，林忠義發現，玻璃汽車燈罩市場需求
頗為穩定；東聯光訊遂於1977年，投入生產玻璃汽車燈罩。

　　1993年，東聯光訊前往中國設廠；迄今，中國仍是其重
要生產基地。不過，拓展中國市場雖然順利，但東聯光訊財務
卻逐漸出現危機；原因無它，林忠義兩岸奔波，又無專業經理
人襄助，不免左支右絀、難以兼顧。

　　1995年，林資智進入東聯光訊任職，並逐步接班；此
時，東聯光訊幾乎周轉不靈。年方27歲、但受過台大國企系
嚴謹訓練的他，決定處分閒置資產，調整企業策略，除了持
續為車燈大廠OEM玻璃汽車燈罩，更切入售後維修（after
market，AM）市場，且強化員工紀律；僅花約半年的時間，
就讓東聯光訊重新步入正軌，接著著手進行改革。

本業危機逼迫思考轉型

　　在此之前，東聯光訊產銷制度紊亂，員工素質不佳，紀律
無法貫徹。林資智推動改革之初，諸多資深員工不願配合，但
他時常以廠為家，與幹部餐敘、懇談，漸漸化解來自員工的阻
力；在一次春節加班時，若干員工怠工抵制，他展現「寧可停

掉生產線，也要捍衛紀律」的決心，終於消弭違紀事件。

　　經過林資智的大力整頓，並導入新的玻璃汽車燈罩製造技術，與現代化的經營管理制度，在2年後，東聯光訊年營業額便從1億4千多萬元，躍升至近3億元，成效相當顯著。

　　1998年，他前往德國，參加法蘭克福車展。林資智直言，「職業病」使然，看車時習慣用手指敲敲車燈；此次赫然發現，連歐洲也開放裝設塑膠汽車燈罩，代表其已是不可逆的產業趨勢，除了霧燈，玻璃汽車燈罩需求勢必驟減，東聯光訊唯有另闢生路，方可度此一劫。

　　最早採用塑膠汽車燈罩的國家，為汽車業最大市場美國。林資智警覺，當價格相對低廉的塑膠汽車燈罩，也打入歐洲車系供應鏈之際，玻璃汽車燈罩業者實難扭轉時代潮流，遂積極思考轉型之路；經過一番研究、諮詢，認定LCD面板玻璃與投影機、背投影電視燈泡反射鏡3者，皆是高階玻璃產品，應是可能的活路。

先研究產業再拜訪客戶

　　於是，東聯光訊與其他4家廠商，聯袂參與工研院的LCD面板玻璃研究計畫。但經過1年後，由於技術、資金門檻皆過高，實非東聯光訊所能負荷，林資智毅然決定退出；並利用原

有的玻璃製造、模具開發技術，補足鍍膜技術，致力研發、產製投影機、背投影電視燈泡反射鏡，嘗試切入光電產業。

「從汽車產業跨足光電產業，挑戰相當巨大，因應的必要改變也相當多。」林資智回憶，他先縝密地研究光電產業，接著四處拜訪可能的客戶，如歐司朗等；而在日本爭取訂單途中，得知一家曾與東聯光訊技術合作的玻璃廠商，技術主管剛剛離職，於是延攬他來台，如願縮短開發新技術的時程。

無論材質、設計，投影機、背投影電視燈泡反射鏡皆與玻璃汽車燈罩大不相同。光是2000年一年，從購買模具、設備，到研發玻璃材質配方，一直到在中國生產基地「試車」，東聯光訊就投資了近1億元，負擔相當沉重。

林資智苦笑地說，東聯光訊轉型之初，他猶如三面同時作戰，內外交逼、苦不堪言；三面作戰指，玻璃汽車燈罩業績下滑，中國工廠營運欠佳，轉型又曠日費時、靡費不貲，產品品質、良率、生產效率皆有待提升。

獲飛利浦納入為供應商

經歷約4年的時間，東聯光訊研發投影機、背投影電視燈泡反射鏡方略有所成，並進入投產階段。東聯光訊搶灘光學產業時，投影機、背投影電視燈泡反射鏡供不應求，但因為企業

規模較小，產品品質、良率皆難以與競爭者比肩，無法獲得國際大廠的青睞。

但天無絕人之路，東聯光訊與二線投影機、背投影電視燈泡廠phoenix electric合作，慢慢在光電產業立穩腳跟。林資智透露，在2002、2003年，他常得帶著產品，出國到客戶總部謝罪；但隨著產品品質、良率逐漸改善，才逐漸打開市場。

這時，飛利浦正尋覓第3家投影機、背投影電視燈泡反射鏡供應商，並從荷蘭派遣玻璃專家前來視察；最後，在3家候選企業中，東聯光訊脫穎而出、雀屏中選。飛利浦隨即派遣專員，協助東聯光訊優化產品品質；此後，其產品便順利打進國際大廠的供應鏈。

不過，為了符合飛利浦的要求，東聯光訊增資5千萬元。林資智與現負責中國工廠營運的弟弟林資凱，決定先向銀行借貸；每個月光是貸款利息，就壓得兩人幾乎喘不過氣，直到獲得創投資金挹注，壓力才獲得紓解。

延聘專業經理人訂SOP

只是，東聯光訊產品良率仍然偏低，供貨量亦不理想。林忠義、日本客戶皆認為，東聯光訊應增聘玻璃專家，但林資智相信且堅持，應網羅擅長現場管理的專業經理人；在友人牽線

下，挖角飛利浦在台灣最後一任CRT（cathode ray tube，映像
管）廠廠長，擔任副總經理。

　　在此位副總經理規劃下，東聯光訊順利推動標準作業流程
（standard operating procedure，SOP）；他上任約1個月後，產
品良率直線上升，成效堪稱立竿見影。雖然，在推動過程中，
不免有員工不適應，甚至有資深幹部遞辭呈；但在林資智溝
通、安撫下，加上標準作業流程既提高產能，又減輕員工工作
量，不久後便再也聽不到異議聲。

　　「企業家第二代推動改革時，不要否定父執輩的努力，而
應努力尋求其支持，方可事半功倍。」林資智強調，許多資
深幹部看著他長大，轉型時既得說之以理，又得動之以情，
如「唯有轉型，才能讓您領到退休金」，並讓資深幹部參與改
革，「只要稍有成果，資深幹部將不再是阻力，而是後盾！」

東聯光訊小檔案：

創立：1967年

董事長：林資智

產業別：汽車、光電

地點：桃園市蘆竹區

員工數：約200人

海外據點：中國

轉型心法：與二線投影機、背投影電視燈泡廠合作，累積經驗與實力，延聘專業經理人，提升產品良率，並讓資深幹部參與轉型工程。

4 | 寰群科技屢敗屢戰 躍居機車防盜王者

　　創業維艱、守成不易，企業轉型更是步步驚心；一旦判斷、決策錯誤，企業主可能就此墜入深淵，萬難谷底翻身、東山再起。然而，寰群科技雖歷經數次轉型失敗，但憑藉著紮實、卓越的技術能力，終於逐漸成長、茁壯，現已躍居機車防盜keyless（免鑰匙）產品的領導者。

　　成立於2000年的寰群科技，初期專攻2項主力業務，主要客戶皆為義隆電子。第1項業務為：協助義隆電子，前進各大專院校校園，從事教師培訓、活動推廣，輔導學生認識、應用晶片（IC），以利義隆電子拉抬業績。第2項業務為：開發晶片燒錄機台，成立晶片燒錄部門，為義隆電子燒錄晶片。

固守晶片教育訓練

　　寰群科技創辦人、董事長陳宏昇指出，在承攬晶片教育訓練的過程中，亦挖掘、延攬多位優秀研發人才，對企業的發展助益頗大。到大專院校進行教師培訓、活動推廣等相關業務，

由他主導的「台灣嵌入式暨單晶片系統發展協會」承辦，後勤
業務則由寰群科技負責。

　　現在，晶片教育訓練仍是寰群科技重要業務之一。「台灣
嵌入式暨單晶片系統發展協會」所檢定的5種證照，乃依照
國際的職場基準，對應至企業的人才需求，不僅獲得104人
力銀行、1111人力銀行的認可，與國際大廠德州儀器（Texas
Instrument，TI）的代辦檢定委託，台灣師範大學更為其設立
認證中心。

　　迄今，「台灣嵌入式暨單晶片系統發展協會」已培訓逾
1千名師資，取得其證照者，已超過2萬8千人；其更於2006
年，進軍中國市場。陳宏昇闡述「台灣嵌入式暨單晶片系統發
展協會」的宗旨，在於技術紮根，提升青年世代的自信心，並
鼓勵他創新、創異，「唯有創造差異性，才能在競爭激烈的職
場中生存！」

　　日前，台灣區電子電機工業同業公會（電電公會）與台灣
電路板協會兩大組織，相繼將部分培訓人才的業務，交付「台
灣嵌入式暨單晶片系統發展協會」，以表其支持。兩大組織此
舉，旨在讓「台灣嵌入式暨單晶片系統發展協會」代其進行初
步的人才培訓，降低會員企業人資部門篩選求職者的巨大壓
力；這也意謂，考取「台灣嵌入式暨單晶片系統發展協會」證
照者，更有機會進入兩大組織會員企業內任職。

教育已與職場脫鉤

「台灣嵌入式暨單晶片系統發展協會」更定期舉辦多項大賽，讓參賽者學習企業內的競爭與合作。其檢定的證照，在中國亦深受肯定，尤其是廣東省、福建省2個省分；不久後，「台灣嵌入式暨單晶片系統發展協會」更將與1家名列中國前3大的教育機構簽約，未來可望將事業版圖擴及全中國。

昔日，「Made in China」產品評價不佳，平均壽命僅3到6個月，只能在低階市場開疆闢土，無法殺入中、高階市場。陳宏昇指出，近年來，中國致力提升產品品質，以期擴大國際市場影響力，華為手機竄起正是一例，「因此，『台灣嵌入式暨單晶片系統發展協會』的證照，在中國備受重視。」

「投入證照檢定，在於我深刻感受到，學校教育與業界需求嚴重脫鉤，導致台灣產業國際競爭力快速下滑。」陳宏昇憂心地說，受到少子化浪潮衝擊，台灣大專院校的老師，有一半的時間花在招生，根本無心、無力備課，課程也日趨簡單化，「學生也不願學習專業，紛紛報考觀光、餐飲、休閒管理等科系，造成製造業人力日益短缺，與中國的差距愈拉愈大。」

陳宏昇強調，「台灣嵌入式暨單晶片系統發展協會」的認證，皆針對企業需求而打造，通過認證者起薪皆超過3萬元。他略帶無奈地說，10年前，在培訓人才業務，台灣、中國營

收為9比1，現在數字剛好顛倒，變成了1比9；且台灣營收不斷萎縮，更早已轉盈為虧，只能靠使命感撐著，而中國營收仍持續成長，足見台灣青年企圖心明顯不如對岸的青年世代。

轉型之路挫敗連連

10多年前，「台灣嵌入式暨單晶片系統發展協會」開設的課程，幾乎班班客滿，光是單晶片認證的課程，就可開設10個梯次，如今卻連1個梯次也招不滿；幾年前，台灣考證的人數尚有3千餘人，現只剩2千餘人，萎縮速度令人心驚。

「台灣學生熱衷考證，卻偏愛簡單、易考的證照。於是，到處可見上午授課、下午考照，合格率超過90%的速成證照課程。」陳宏昇直言，「台灣嵌入式暨單晶片系統發展協會」證照考試合格率僅約60%，且授課時間略長，自較不受青睞，「但愈容易取得的證照，對考照者的職涯發展，助益愈低。」

而寰群科技的晶片燒錄業務，隨著台灣晶片代工生產基地遷至中國，加上成本不斷提高，只能全數移轉至中國。面對變局，寰群科技不斷嘗試將所專精的無線技術，朝不同領域進行水平應用，開發新的應用產品，如無線立體聲耳機、無線Skype phone等。可惜，這些產品雖然技術精湛、創意十足，卻不受消費者喜愛，可觀的研發、行銷經費，皆付之東流。

　　「2002年，最熱門的網路通訊軟體為Skype。寰群科技研發無線立體聲耳機、無線Skype phone，Skype霸主PChome亦前來洽談合作事宜。」陳宏昇感嘆地說，原本他認為，Skype使用者多習慣坐在電腦前打字，這2種產品可讓使用者不被「綁」在電腦前，「但使用者習慣根深柢固，被迫認賠收場。」

辛勤耕耘終現曙光

　　在轉型之路上，寰群科技堪稱屢敗屢戰；若無過人的執著、毅力，早已成為歷史塵埃。寰群科技也曾為某家大廠研發紅外線電子收費系統，耗費逾2年時間、上千萬元研發經費，雖然技術已超越客戶制定的門檻，但因這家大廠人事異動，合作案被迫擱置，最終只拿到80萬元的酬勞，元氣大傷。

　　在多次挫折後，寰群科技現正力推機車防盜keyless產品，並主攻後裝市場。台灣機車數量雖高達1千3百多萬輛，但機車防盜產品卻不普遍；寰群科技仿效汽車防盜keyless產品，打造機車防盜keyless產品，終於獲得市場熱烈迴響。

　　晚近新推出的汽車，若加裝汽車防盜keyless產品，駕駛人根本不必拿出鑰匙、遙控器，只要觸碰把手，就可開啟車門。陳宏昇解釋，機車加裝機車防盜keyless產品後，騎士坐上機車，只要按個鈕，就可啟動機車，「在下雨天，騎士不必

穿著雨衣忙亂地翻找鑰匙，弄得一身濕。」

為何寰群科技機車防盜keyless產品主攻後裝市場，而非先裝市場？關鍵在於，主攻先裝市場，主要客戶為機車原廠，雖然洽商較單純、單次出貨量較大，但也較常遭砍價，利潤反而較後裝市場為低。

主攻機車後裝市場

最重要的是，若有機車防盜keyless產品發生故障，在後裝市場，寰群科技只需服務故障品的車主，但在先裝市場，機車原廠可能將所有加裝此產品的機車全數召回，要求寰群科技一一檢測，代價相當高昂。

不過，陳宏昇坦承，寰群科技主攻後裝市場，亦吃了不少苦頭，只能想方設法克服。首先，機車車款將近上百款，每家機車原廠的車款都超過10款，設計、排氣量、使用線材皆不盡相同，研發過程備極艱辛；最後，寰群科技決定採用與機車原廠相同的線材，雖然得添購20多種線材，但安裝時不必剪線，耗時僅1分多鐘，可確保機車防盜keyless產品的穩定性，並強化車行推廣的意願。

當下，寰群科技機車防盜keyless產品適用於約60種車款，在機車失竊率較高的北部縣市，銷售成績較佳，在中、南

部縣市,推廣略為不易。此外,因安裝時不必剪線,此產品已深受愛車如命的重型機車車主讚賞。

進軍汽車防盜領域

在銷售上,寰群科技以機車車行為銷售通路,並將台灣劃分為數區,採取一區一經銷商的制度,明訂不得越區的規範,抑止經銷商惡性削價競爭。寰群科技開放其他廠商購買、貼牌,許多機車車行為了拉抬業績,推出「買機車送機車防盜keyless產品」促銷方案,皆刺激其銷售量向上攀升。

日前,已有日本、越南、馬來西亞等國廠商造訪寰群科技,洽談機車防盜keyless產品外銷事宜;若可符合這些國家交通安全法規限制,前景將更為光明。近來,寰群科技已針對使用者的意見回饋,著手大幅度的改版。

在機車防盜keyless產品獲得好評後,寰群科技乘勝追擊,研發汽車防盜keyless產品,定名為「敲敲門」,主攻汽車後裝市場。陳宏昇說明,汽車若加裝「敲敲門」,車主只要在車身上敲幾下,4個車門便自動解鎖,下車之後,車主也不必拿出鑰匙、遙控器,只要離車超過5公尺,車子便自動上鎖。

在先裝市場,防盜系統動輒3到5萬元,常讓購車者心疼又猶豫。未來,購車者不必購買「旗艦版」、「豪華版」的

車輛，只需購買「基本版」的車輛，再花數千元加裝「敲敲門」，即可兼顧節約、防盜。在中國市場，「敲敲門」可望成為寰群科技新的主力產品。

大幅擴增產品品項

不久後，寰群科技第4代機車防盜keyless產品即將問世；與前3代產品的差異，在於添增一個陀螺儀。陳宏昇苦笑地說，一般防盜產品只防君子、不防小人，最囂張的機車大盜，為避免機車發出鳴叫聲，直接開著大貨車，再以大貨車上的吊車，將機車吊走，「第4代機車防盜keyless產品，只要機車水平移動，就會發出鳴叫聲，令機車大盜亦不敢輕舉妄動。」

除此，寰群科技也將開發應用於電動車的防盜產品，主力客群鎖定中國三輪電動車。在中國農村，三輪電動車是農民最重要的代步、載貨工具，因車主經濟條件多半不佳，更承擔不起車輛遭竊的風險，「數萬元的高階防盜產品，車主絕對承擔不起；售價僅數千元的寰群科技防盜產品，將是其最佳選擇。」

除了機車、汽車防盜keyless產品，寰群科技亦應用無線技術，研發掃地機器人。在家電產品市場上，寰群科技掃地機器人最大競爭優勢，在於感應效果更佳，可克服地毯、大理石

等居家環境，大幅降低以人力另行打掃的機率。

　　晶片技術是起家技術，雖然曾經受挫，寰群科技並未停頓研發，但轉型為設計公司（design house）。陳宏昇強調，寰群科技可針對客戶需求，提供晶片設計服務；較有成績者，當是無線血糖儀、無線體溫計的晶片設計，合作模式為寰群科技設計程式碼（code），讓客戶自行燒錄在晶片上。

浴火重生愈戰愈強

　　「寰群科技近一半的經費，都花在研發上。有時，我也覺得自己是個傻子。」陳宏昇略帶靦腆地說，在企業營運最困難時，連創投也不願投資，但經過多次失敗淬煉，迄今依然倖存，關鍵便在於厚實的技術能力，「寰群科技也常幫客戶收拾爛攤子，承接其他企業研發失敗的委託案，幸而皆可救援成功，之後的委託案便源源不絕！」

　　例如，寰群科技現承接中科院一個3年期的委託案，研發動車電池監測技術，現已進入SBIR（small business innovation research，中小企業創新研發計畫）第2期。而在眾多協力廠商中，寰群科技更獲得中科院最高評價的殊榮。

　　多難興邦，不被挫折打倒的寰群科技猶如浴火鳳凰重生，且戰鬥力愈來愈堅強。在可見的未來，寰群科技除了固守教育

訓練、機車與汽車防盜keyless產品，持續與中科院合作，更可望將觸腳延伸至綠能、環保、生醫、機器人、電子4C等領域，期待就此步入康莊大道，快速向前奔馳。

「創業10多年來，一直到了最近，我才比較看得清方向。」陳宏昇略帶感嘆地說，他步入職場數年後，月薪已突破5萬元，相信再過幾年，就可達到10萬元，如果不投入創業，生活將頗為舒適、安逸，不必承受如此多的磨難，「但這是我的使命，無可迴避！」

寰群科技小檔案：

創立：2000年

創辦人暨董事長：陳宏昇

產業別：汽車、機車、晶片

地點：新北市中和區

海外據點：中國

轉型心法：以無線技術進行水平延伸，不斷研發新產品，運用晶片研發技術、經驗，轉型設計公司，承接其他企業研發失敗的委託案，協助客戶開發新技術。

5 嘉一香食品逆勢崛起 轉攻中、俄、日市場

　　山不轉路轉，路不轉人轉，人不轉心轉。縱使面對山窮水複疑無路的困境，企業若能適時、果決地轉型，終可找到柳暗花明又一村。

　　10餘年來，養豬相關產業一向被視為夕陽產業，但橫跨飼料、養豬、肉品銷售、肉品加工等領域的嘉一香食品，已成功將台灣經驗複製至中國，更跨足生物科技產業，不僅毫無暮氣，反而朝氣蓬勃、青春煥發。

口蹄疫重創台灣養豬產業

　　台灣原是豬肉出口國，最大出口市場為日本；但在1997年，台灣爆發口蹄疫，導致豬肉無法外銷，嚴重打擊養豬相關產業，反倒成為進口國。遺憾的是，大多數養豬業者致力改善飼養環境，但卻有少數害群之馬因陋就簡，口蹄疫仍零星爆發，使台灣遲遲無法從世界動物衛生組織（World Organization for animal Health，OIE）的疫區中除名。

　　養豬相關產業的危機，一波未平、一波又起，嘉一香食品亦未倖免於難，其卻可以挑戰為養分，不斷成長茁壯。2005年，因台灣3年前加入世界貿易組織（World Trade Organization，WTO），遂開放豬肉完全自由進口；在國外豬肉大量、低價傾銷的衝擊下，養豬相關產業利潤持續下探。

　　飼料費約佔養豬成本的60%，自2007年起，又遭逢國際穀物價格飆漲的震盪；國際穀物價格走高，飼料價格欲低不易，台灣養豬相關業者經營益發艱辛。加上國人口味多元化，雞肉、牛肉、羊肉等肉品爭食肉品市場，且國人食品安全意識抬頭，較易有藥物殘留的豬內臟、雜碎銷售量逐年降低，青年族群消費者流失速度加劇；嘉一香食品創辦人暨董事長陳國訓深刻體悟，非轉型不足以救亡圖存。

　　只有小學畢業的陳國訓，在創辦嘉一香之前，陳國訓命運乖違、職涯多舛，猶如台灣版的阿信；卻也鍛鍊出刻苦耐勞、堅毅不拔、無懼挑戰的個性，與識變、應變、求變的性格。父親為鴨農，童年時的他，就得跟著父親養鴨、趕鴨，曾徒步從屏東縣趕鴨子到台北市販售，晚上只能睡在墳墓旁，時常和著雨水吃飯，還得擔心有鴨子離群、走失。

躍居豬肉生鮮市場霸主

　　1986年，怪颱韋恩颱風襲擾、肆虐台灣，陳家亦是眾多受災戶之一。陳國訓回憶，颱風過後，鴨寮、老家的三合院全遭摧毀，損失難以估算；他與父親咬牙根向銀行貸款500萬元，努力東山再起，多年後才將債務還清。

　　之後，陳國訓曾轉行養鵝，以失敗告終，再改行開計程車，更曾創辦車行。早年，台灣豬肉價格高，且較少大型養豬場，不少農家以養豬為副業；為了增加收入，他常接受鄉下農家委託，以計程車運送豬肉到城市販售。久而久之，他起心動念再度轉行，遂於1984年，於台北市環南市場創立嘉一香食品。

　　在陳國訓「拚命三郎」式的奮鬥下，嘉一香食品規模、業績皆快速成長。當然，創業過程並非一帆風順，他曾嘗試飼養放山豬、迷你豬，皆無法打入肉品市場，亦曾數次遭協力廠商欠款；記取失敗的教訓，持續精進專業能力，終於從門外漢變身為達人，再從達人晉階為產業龍頭。

　　1995年，嘉一香食品遷至新北市樹林區，進駐新北市肉品市場；1997年口蹄疫疫情，雖重創台灣養豬相關業者，諸多上市公司的養豬場紛紛歇業，嘉一香食品雖遭波及，卻未曾撤守，反倒逆勢成長茁壯，躍居台灣電宰豬肉業龍頭，在豬肉

生鮮市場，其產品市占率超過20%。

建構「一條龍」供應鏈

2004年，嘉一香食品在屏東縣崁頂鄉，購入屏東廠，並於2年後正式營運。之後，嘉一香食品屢創佳績；2007年，其成為台灣唯一可外銷生鮮豬肉至新加坡的廠商，2011年，經中國質檢總局、日本農林水產省、越南農林水產品質管理局核准，可將豬肉加工產品輸至此3國。

嘉一香食品佈局養豬相關產業的上、中、下游，完成「一條龍」產銷供應鏈，不僅自行生產飼料，從牧場到餐桌的每個環節，包括豬隻飼養、人道屠宰、低溫分切、低溫運送，皆符合國際衛生水準，並創立肉品專賣店，以期讓消費者安心購買、食用。

目前，嘉一香擁有嘉一香、活菌豬兩大自主品牌，產品除了生鮮豬肉，還包括肉酥、肉角、肉乾、香腸、熱狗等加工品，主要企業客戶包括：統一、台鐵、義美、新東陽、麥當勞、三商巧福等，國軍亦是其重要客戶之一；在各大早餐店、連鎖賣場與超市，都見得到其產品的蹤跡。

「在20多年前，我便發願打造豬肉產品的自主品牌，致力改善產銷流程，希望可與先進國家業者並駕齊驅。」陳國訓不

諱言，嘉一香食品原是傳統廠商，但他有次到美國參訪，驚覺自己不過是「井底之蛙」，且面對進口豬肉的強力競爭，才大舉投資相關設備，並引進人道屠宰、組建物流車隊，積極推廣較安全、衛生的生鮮豬肉，並朝零污染的目標前進。

前進中國黑龍江省設廠

在美國，100多年前已不見溫體豬肉；在日本，溫體豬肉亦已絕跡40多年。在台灣豬肉市場，生鮮豬肉市占率雖逐年提升，迄今仍僅約37%，溫體豬肉市占率仍高達約63%，成長速度更已慢於後起的中國。

在20世紀60年代，台灣屠宰環境惡劣，市場只有溫體豬肉，養豬相關業者更是環境污染的重大元兇之一；而在屠宰、運送、販售的過程中，衛生條件皆不堪聞問，更是傳染病滋生的溫床。陳國訓強調，在引進人道屠宰，且低溫物流、連鎖超市崛起後，生鮮豬肉才逐漸普及。

「人道屠宰不僅較為衛生，肉品口味亦較佳，不會有溫體豬肉的酸味。」陳國訓相信，隨著國人食品安全意識高漲，生鮮豬肉終將成為市場主流，「嘉一香食品物流車隊，共有63台大、小專屬車輛，每台車輛皆內建衛星定位系統；其優點在於，可遠端監控車廂溫度，且豬肉不與其他肉品共處一車，不

至於走味，或交叉感染新的病菌。」

　　因應台灣養豬相關產業薄利化，且國內成長空間有限，嘉一香食品在 2012 年進軍中國，在黑龍江省齊齊哈爾設廠。中國為全球最大豬肉市場，每年約消費 6.5 億頭豬，約占全球總消費量的 52%，已成世界各國養豬相關產業兵家必爭之地。

與日本火腿合資新公司

　　在被譽為中國糧倉的黑龍江省，嘉一香食品買下 4 千畝土地，擘建「一條龍」產銷供應鏈；當下，其每年約可生產 24 萬噸飼料、電宰 200 萬頭豬，母豬生產量、仔豬存活率、飼料換肉率、毛豬重量與瘦肉率，皆超過中國同業。

　　要讓豬隻長出 1 公斤肉，中國養豬場平均需餵食 3.5 至 4 公斤飼料，但嘉一香食品卻僅需 2.3 公斤飼料，飼料換肉率大勝；中國養豬場仔豬存活率，平均約 85%，但嘉一香食品仔豬存活率高達 98%。然而，嘉一香食品豬隻生產成本雖較中國同業低廉，但肉品品質卻更穩定、優越。

　　嘉一香食品更在哈爾濱設立物流體系，搶灘中國肉品、肉品加工，更瞄準商機龐大的俄羅斯市場。陳國訓分析，中國養豬相關業者罕有已建構「一條龍」產銷供應鏈者，技術與嘉一香食品仍有相當距離，嘉一香食品可望藉中國市場，再度飛躍

式地成長。

　　不僅要躍馬中國、俄羅斯市場，陳國訓仍未忘懷重登日本市場。2013年，嘉一香食品與日本火腿合資成立醇香食品，以豬骨、雞骨熬製冷凍拉麵湯底，主力客戶鎖定日本拉麵店，希望藉此拉抬台灣豬骨價格、消費量。

將豬經濟效益發揮極致

　　為了物盡其用，讓豬隻的經濟效益發揮至極致，為銷售量不斷下滑的豬內臟、雜碎，找到新的出路，嘉一香食品成立嘉生、嘉頂兩家生技公司，組織專業研發團隊，嘗試從豬內臟、雜碎中，萃取、量產高經濟價值的生技產品。陳國訓爽朗地說，連豬隻的排泄物，都將製成有機堆肥銷售。

　　雖還在起步階段，嘉生、嘉頂已繳出亮眼的成績單，包括以豬血生產血清蛋白，供疫苗廠生產動物疫苗，其可取代進口、由牛胚胎血液所萃取的血清蛋白，且更人道、更低價；並從豬肺臟萃取醫療等級的膠原蛋白，從豬腸黏膜萃取可當抗凝血劑的肝素，從豬眼睛萃取玻尿酸，並利用豬腦，研發抗老人癡呆症的新藥。

　　「我雖然讀過小學，但畢業時與文盲無異。剛創業時，想要寫賀卡給客戶，卻連新年快樂4個字，都不知如何寫，只能

一點一滴學習。」陳國訓微笑地說，開設計程車車行時，他自學修車，創辦嘉一香食品後，硬著頭皮摸索產銷、財務等知識，「生物科技雖是全新的領域，我仍無所畏懼！」

除了繼續探索生技產業，嘉一香主戰場將移至中國，並計畫在各大城市開設肉品專賣店，以建立自主通路，預計在5、6年後，在中國股市掛牌，開創台灣養豬相關產業的新盛世。

嘉一香小檔案：

創立：1984年

創辦人暨董事長：陳國訓

產業別：養豬、肉品、肉品加工、生技

地點：新北市樹林區

海外據點：中國

轉型心法：前進中國，移植台灣產銷「一條龍」模式，跨足生技產業，將豬隻經濟效益發揮至極致，與日本火腿合作，切入日本市場。

6 台灣福昌西進中國
產能擴增約達10倍

電影《侏儸紀公園》（Jurassic Park）最膾炙人口的台詞，非「生命總會找到它的出路」（Life will find a way.）莫屬。當浩劫降臨時，無法適應氣候、環境劇烈變化的恐龍，短時間內便快速滅絕，反倒讓靈活、懂得找尋新出路的哺乳類動物，躍居地球的新霸主。

1997年的口蹄疫疫情，對台灣養豬相關產業而言，猶如百年一遇的巨大浩劫。諸多業者故步自封、苦撐待變，還未等到台灣自疫區除名的那一天，便已踵繼恐龍的後塵，中、小企業如台灣福昌，及時調整企業方向、策略，不僅成功度過企業寒冬，產能更擴增約達10倍。

種豬育種的「三冠王」

台灣福昌始業於1974年，創辦人、董事長楊正宏在此之前，已先開設新元發實業，從事飼料生產、買賣。由於有若干豬農抱怨，豬隻食用新元發實業的飼料，卻長不大、養不肥；

楊正宏於是接手農會的養豬場，作為實驗農場，原為研究飼料配方，但養豬卻養出興趣來，遂成立台灣福昌，專注於種豬育種。

楊正宏的女兒、台灣福昌總管理處總經理楊佩芬解釋，養豬相關產業分工精細，且產業結構為金字塔型，中、下游業者數量遠多於上游業者，種豬育種業者則為上游業者；歷經數十年的努力，台灣種豬育種的技術水準，已不遜於歐美國家同業，台灣福昌更是其中佼佼者。

種豬育種產業，濫觴於台糖畜產研究所。台灣主要豬種，皆從歐、美國家引進，最知名者，當屬藍瑞斯（Landrace）、杜洛克（Duroc）、約克夏（Yorkshire）三品種；種豬育種業者以引進的種豬相互交配，不斷地擇優汰弱，培育符合亞洲消費者口感的豬隻，而在種豬的評比中，台灣福昌多次奪得「三冠王」。

「這等豬種，原本生長於寒帶國家。來到台灣，難免水土不服，影響豬隻的生長、繁殖。」楊佩芬更強調，西方國家民眾較習慣吃豬肉加工食品，東方國家民眾偏愛直接烹飪豬肉，對豬肉的風味、口感要求更高，「在爆發口蹄疫疫情前，台灣豬肉曾佔日本進口豬肉的52%，足見台灣豬肉品質之優良，深受亞洲消費者的喜愛。」

台灣口蹄疫疫情重災戶

　　楊佩芬略帶感性地說，種豬育種產業技術研發，與製造業大不相同，選育、選配、評估等過程，耗時又耗力，縱使培育出優質豬隻，也無法像製造業研發出新技術後，快速複製、量產、族群化、商品化所需時間，亦頗為可觀，其艱辛筆墨難以形容。

　　在楊正宏的帶領下，台灣福昌走過草創階段的艱辛，育種技術不斷精進。其培育的種豬，不僅行銷至台灣各縣市的養豬場，在20世紀80年代後，更成功外銷至香港、越南、泰國、菲律賓等國，來自香港的訂單，真正買家多為中國養豬場。

　　口蹄疫疫情爆發後，台灣養豬相關業者望風披靡，倒閉的業者如推骨牌般，一家接著一家。雖然台灣福昌所在地宜蘭縣，因地理環境孤立，未曾傳出口蹄疫疫情，但因台灣豬肉就此無法外銷，養豬數量銳減，之後更從豬肉出口國轉為進口國，連帶使種豬需求量下滑，讓台灣福昌也淪為重災戶。

　　當時，經過二十餘年的鑽研、累積，台灣福昌種豬育種技術已領袖群倫。一般種豬育種業者僅能培育肉豬的父母代，但台灣福昌卻可培育肉豬的父母代、祖父母代、外祖父母代與曾祖代。不過，在口蹄疫疫情肆虐時，肉豬價格低迷，連種豬亦乏人問津，台灣福昌只能忍痛，將種豬當肉豬販售。

在廣州建立中國灘頭堡

「種豬價格遠高於肉豬，1頭種豬售價至少2萬元；但肉豬價格亦崩跌，從100公斤最低7千元，摔至只剩3百元。將種豬當肉豬賣，實萬不得已！」楊佩芬回憶，口蹄疫疫情重創台灣福昌，3個月便慘賠5千萬元，農委會特別致電楊正宏，「希望他一定要撐住！」

畢竟，如果技術卓越的種豬育種企業，都無法度此一劫，養豬相關產業幾無東山再起的可能性。幸運的是，台灣福昌有新元發實業奧援，可延長飼料賒欠期限，方能保住一線生機；在口蹄疫疫情爆發後1年，即1998年，前進中國市場，於在中國廣州市設立種豬旗艦場，作為其在廣東省的種豬研發、生產、輸出基地。

中國為全球最大豬肉消費市場，每年消費超過7億頭豬，每年種母豬需求量高達約50萬頭，商機相當豐厚。楊佩芬說明，台灣福昌選擇廣州市，作為搶灘中國市場的灘頭堡，關鍵為在20世紀末，華南地區相對較為開放，氣候、飲食習慣與台灣差異較小，且養豬業者較願以略高的價格購入種豬。

在廣州市耕耘11年後，台灣福昌終有餘裕揮師其他省分，開闢新市場。2007、2009年，其先後在廣西省玉林市、賀州市建場；2011年，將觸角延伸至華中地區，在浙江省金華

市插旗，之後並與中國農牧企業雨潤集團合資，於江蘇省淮安市設立江蘇潤福種豬場有限公司。

從玉林進軍東南亞市場

玉林市已接近國境，廣西省政府更祭出優惠政策。因此，台灣福昌規劃將以玉林場，作為中國的種豬研發中心，不僅能鞏固在華南地區的優勢，更可以此為前哨所，籌劃進軍東南亞國家市場，如亞洲第2大豬肉消費國越南。玉林場投資總額已逾500萬美元，預計每年可輸出優良種公豬1,200頭、種母豬15,000頭。

目前，台灣福昌中國各場，每年可銷售約5萬頭種豬，已約佔中國種豬市場的10%，但仍有寬廣的成長空間；即使其僅在華南、華中地區設點，客戶卻遠至新疆、內蒙古。

中國經濟崛起後，養豬相關產業亦隨之蓬勃發展，為提升豬肉的質、量，大型企業不惜重金，大手筆從世界各國引進知名豬種，甚至包機運送種豬。當下，中國主要豬種為台灣系、丹麥系、美國系、加拿大系等；面對眾多競爭者夾擊，台灣福昌積極打造自主品牌，命名為「中系福昌」。

橘逾淮為枳，外國豬牽到中國，雖然還是豬，卻可能適應不良，所產豬肉質、量皆不如預期。重蹈台灣養豬業者40餘

年前的錯誤後，許多中國養豬業者終於醒悟，唯有飼養經馴化、適應在地風土的豬種，豬肉方可質、量俱增，紛紛轉為台灣福昌的忠實客戶。

技術研發「根留台灣」

中國幅員廣大，各省氣候、環境不同，馴化種豬的過程甚為不易，挑戰相當艱鉅。台灣福昌市佔率不斷成長的關鍵，除了擁有40餘年的種豬育種技術，與因地制宜的策略，更在於近年來，其導入科學化、標準化的研發與生產流程，種豬育種技術持續領先競爭者。

口蹄疫疫情，堪稱台灣養豬相關產業發展的分水嶺；在此之後，其從外銷產業轉為內需產業。台灣福昌相信，若想重返昔日榮景，西進中國市場、應用先進科技，兩者不可或缺，企業目標應從拚產量，換為質、量並重；今日，其已非傳統產業企業，實為高科技產業的一員，更足稱精緻農業企業的榜樣。

楊佩芬指出，台灣福昌堅持「根留台灣」，技術研發團隊主力仍留在台灣。台灣福昌採用數位化評估系統，進行種豬資料之蒐集、彙整、統計、分析，深入研究豬隻生長、產肉與繁殖性能，精確追蹤後裔的狀態，致力培育出體型好、增重迅速、精肉率高、抗病力強、繁殖能力佳、無緊迫基因

（calcium release channel，CRC，鈣離子釋放管道基因，有此基因的豬隻，不適合高密度飼養）、飼料換肉率高的優質種豬。

電腦模擬豬隻基因配對

「種豬育種像是豬隻的選美比賽，方方面面斤斤計較，以期找出最適合培育種豬、肉豬的豬隻。」楊佩芬透露，台灣福昌更引進檢驗SNP（single nucleotide polymorphisms，單核苷酸多態性，即基因編碼）的儀器，並於2011年成立分子生物育成中心，加上累積超過40年的數據資料庫，「豬隻基因配對可以電腦進行模擬，不必等豬隻交配、小豬出生，就可知其優劣，準確性相當高，節省可觀的時間、經費。」

導入科學化、標準化的研發與生產流程後，台灣福昌種豬育種作業，已大幅降低時間、空間的限制，建立早期篩選、去蕪存菁的機制，有效淘汰不良基因。現在，台灣福昌種豬95%帶有高肉質（Heart fatty acid-binding protein，H-FABP）基因、MyoG（myogenin，肌細胞生長素）基因，深受客戶喜愛；其不僅銷售種豬，亦可提供冷凍公豬精液，其可存放約30年，亦不會變質。

為了杜絕種豬感染傳染病，台灣福昌更強化污水處理等環保設施，望能洗清養豬相關產業戕害環境的污名；不僅管線全

數地下化，污水採三段式處理，病死豬以化製機高溫化製，將其製成肉骨粉。位於中國的養豬場，更回收豬糞製作堆肥、沼氣加熱，作為員工洗澡水的熱源。

企業第二代擴增產品線

在楊正宏三名子女進入台灣福昌任職後，台灣福昌產品品項已日趨多元，除了為畜產養殖量身定制的營養配方飼料、豬肉加工食品外，更代理銷售歐洲比利時Nuscience集團高品質的動物營養添加劑、法國IMV生物繁育(人工授精)高端儀器材料等世界先進技術的領導品牌，期望能為養豬產業提供更專業、完善的產品鏈服務。

在華南、華中地區建立產銷體系後，台灣福昌亦籌劃佈局東南亞國家市場。只是，楊佩芬憂心忡忡地說，儘管存在著風險，養豬市場仍引起資本市場的關注，近來豬肉養殖相關上市櫃公司積極導入各項融資計畫，大規模投入現代化生產養殖設備，又遇上豬肉市場價格飆漲，恐引起有心人士炒作、失序的配種，致使供需失衡、豬價下跌，更將成為台灣福昌未來發展的隱憂。

台灣福昌小檔案：

創立：1974年

創辦人暨董事長：楊正宏

產業別：種豬育種

地點：宜蘭縣宜蘭市

海外據點：中國

員工數：約250人（台灣約50人，中國約200人）

轉型心法：西進中國，在華南、華中地區拓點；導入科學化、標準化的研發與生產流程，提升種豬育種技術能力。

7 | 樹德企業進軍國際 如鳳凰般浴火重生

　　根據印度神話，鳳凰是神的使者，但每過500年，由於背負過多人類的痛苦、怨懟，遂投身於熊熊烈火中自焚。然而，鳳凰卻能浴火重生，且在重生後，其羽毛更鮮豔、聲音更嘹喨、精神更昂揚，繼續肩負起淨化人心的使命。

　　收納用品大廠樹德企業，先遭遇獲利衰退的危機，後連續受震災、火災重創，創辦人吳景霖、陳貴琴夫婦一度萬念俱灰。幸而，第2代吳宜叡從英國返台、繼承家業，並帶動樹德企業轉型、升級，且大舉拓展海外業務，猶如浴火重生的鳳凰，不僅走出進退維谷的窘境，更打造出國際知名品牌。

送貨途中發現商機

　　1969年，在當時「家庭即工廠」的風潮下，吳景霖、陳貴琴攜手創辦樹德塑膠廠，並於2001年改名為樹德企業；初期主力業務為代工，專攻塑膠射出成型、機密機械加工，利潤並不高。有次，因接獲刀具握柄訂單，家中堆滿危險的刀具；

兩人深感「不能讓小孩在這種環境長大」，遂發願自創品牌。

隨著電子業崛起，樹德塑膠廠亦代工生產電子零組件。在送貨過程中，吳景霖察覺，電子零組件收納需求甚殷，卻常找不到合適的收納櫃，於是決定開發電子零組件收納櫃。成為台灣首家電子零組件收納櫃製造商後，樹德塑膠廠業績、知名度與日俱增，爾後更首創刀具櫃、塑膠工具箱等收納產品。

由於樹德收納產品品質堅持，口碑贏得各產業的青睞，讓吳景霖發現收納產品市場的潛在市場，於是決定除了繼續代工外，將以收納產品，作為樹德塑膠廠的主力商品，產品品項更從工業用的收納產品，延伸至辦公用、居家用與文具收納產品。

到了20世紀90年代，樹德塑膠廠已茁壯為國內規模最大的塑膠收納產品製造商，且擁有2座工廠。當年，樹德企業以台灣為主要銷售市場，市占率曾高達近50%；在各大量販通路，幾乎都看得到樹德企業的商品。

先後遇震災、火災

雖已是台灣收納產品的第一品牌，但產品設計、研發之重責大任，仍由吳錦霖一肩扛起。此時，樹德塑膠廠收納產品走實用路線，主色系為黑、白、灰3色，設計偏重功能面、材料

面，強調以塑料取代鋼鐵為主材質，並優化塑料的承載力、耐用度，以減輕產品重量，更易於進行收納。

不過，吳錦霖深知，樹德塑膠廠若想持盈保泰、向上提升，唯有同時強化產品品質、產品設計，方可長久維持領先。於是，他送兒子吳宜叡到英國學習設計；吳宜叡亦不負期望，果真成為樹德企業成功轉型、升級的關鍵人物。

然而，在20世紀末葉，由於國內環保、勞工意識抬頭，競爭者惡性降低品質，拉低價格，樹德卻仍增工加料，導致製造成本不斷提高，收納產品廠商紛紛外移。樹德塑膠廠雖固守台灣，但獲利卻逐年衰退；原因在於，其主要銷售通路為量販店，量販店作風強勢，且行銷、促銷費用持續膨脹，不斷蠶食樹德企業的獲利。

屋漏偏逢連夜雨，1999年921大地震，中台灣山河變色，樹德塑膠廠霧峰廠慘遭震垮；雪上加霜的是，碩果僅存的另一間廠房，2001年又慘遭回祿之災，數十年基業付之一炬，設備、庫存幾乎全數報廢，損失高達約5億元，吳景霖、陳貴琴前半生心血，皆毀於一旦。

借鏡英國企業經驗

正當樹德塑膠廠面臨存亡絕續的關卡，吳宜叡決定束裝回

國接班,與雙親共度難關,並更改公司品牌。在英國求學時,他獲知在台灣、韓國製造業崛起後,英國製造業也曾風雨飄搖,許多廠商因此被迫歇業,存活至今的企業,無不歷經或短或長的轉型、升級努力,強化設計、品牌,創造新的收益。

吳宜叡以英國企業為典範,建議樹德企業應「深耕品牌、走向國際」,致力轉型、升級。不過,縱使親如父子,企業經營理念、策略亦不盡相同,經雙方不斷溝通、協調、討論,才取得共識;例如,在吳宜叡的轉型、升級計畫中,將建制一個10人設計團隊,光是薪資,每個月就得增加近百萬元支出,最終在陳貴琴鼎力支持下,才如願以償。

只是,吳宜叡雖有雄心壯志,但樹德企業位於台中市烏日區,對中、南部設計人才的吸引力,遠不及中科、南科其他企業,籌組設計團隊過程,亦備極艱辛。但因為吳宜叡專業正是設計,對設計人才相當禮遇,願意給他們「實現夢想的空間」,慢慢吸引理念契合的設計人才投靠,設計團隊逐漸壯大,並先後奪得金點設計獎,與德國 iF 國際設計獎。

在組建設計團隊後,樹德企業推出新產品的速度大幅加快,產品色彩更為亮麗、活潑、時尚,讓收納產品既能用於收納,更可是居家、辦公室的藝術裝置,亦拉抬其附加價值。再者,樹德企業設計團隊還提供具彈性、高效率的客製化服務,以滿足客戶特殊、少量的需求,忠實客戶數目持續成長。

3大品牌分進合擊

　　隨著產業環境變遷，無論代工、內銷，樹德企業都漸漸居於劣勢。在代工領域，樹德企業不敵中國企業低價競爭，在國內市場，又受制於通路商，難以扭轉薄利化。值此多重不利局勢，吳宜叡益發堅信，唯有「深耕品牌、走向國際」，方可反敗為勝，不再委屈卻難以求全。

　　在深耕品牌上，在吳宜叡主導下，樹德企業積極研發、打造收納精品品牌。因為不同市場需求，樹德企業分別主打2大品牌；「樹德SHUTER」鎖定台灣辦公室收納市場，「SHUTER」主戰場則是台灣工廠、鋼材收納產品與工作桌等，並以「livinbox」進軍國際收納精品市場以文具文創與居家收納等，著力較深者為美國、日本、歐洲、澳洲市場。

　　創立「livinbox」，旨在讓樹德企業產品，從量販店產品進階為收納精品；其設計強調資源永續利用，以期切入國際綠色、環保消費潮流，並注入藝術元素，提升產品的質感、美感，藉此吸引高端消費者，並墊高樹德企業的企業形象。

　　品牌琳瑯滿目、爭奇鬥艷，想在品牌戰中脫穎而出，精美的設計、堅固耐用的品質，兩者缺一不可。收納產品首重耐壓、耐撞擊、抗鏽蝕，吳宜叡委託具公信力的第三方專業認證公司SGS，使其測試產品，並採用無毒、可回收的塑料。

積極參加國際展覽

樹德企業亦引進ISO 9001管理系統，全盤控管接單、設計、組裝、交貨與售後服務之品質，更興建逾8,000平方公尺的成品倉庫，維持一定數量的產品庫存，目的在因應突如其來的急單，與顧客的瑕疵品退換貨需求。

如今，樹德企業每年年底舉辦的「樹德廠拍」，原為出清庫存，現已成為收納產業的年度嘉年華。舉辦地點起初僅在台中市，因為大獲消費者好評，現則增設台北市、高雄市。

而且，即使原有的生產設備依然堪用，但樹德企業仍毅然替換為更省電、產能與良率更佳的新型設備，更添購射出模具、開模機組，與可自動組裝產品的機器，並開闢小型產品實驗室，且根據不同產品線，在台中市烏日區成立5間廠房，進一步提升生產效率、產品品質。

深耕品牌後，樹德企業積極走向國際，主要策略為參加國際性展覽，與打入國際高級家具通路。在吳宜叡接班前，由於樹德企業主攻台灣市場，顯少出國參展；但近年來，參加美國、德國等各類家俱展覽，已是樹德企業的年度大事；他相信，參加國際性展覽，既有助於打響「livinbox」與「SHUTER」的品牌知名度，又可直接與國外客戶交流，從中汲取研發、設計新產品的靈感。

打入高級家具通路

　　打進國際高級家具通路，遠比參加國際性展覽困難。最具影響力的國際高級收納通路，當屬美國的 The Container Store，其擁有 60 家店面，所展售的收納產品，咸認為高品質的精品，且設計、質感卓越超群。但 The Container Store 與供應商關係甚為穩固，不輕易更換優質供應商。

　　起初，吳宜叡寫信給 The Container Store，希望可讓「livinbox」產品上架，但遭到婉拒。但他並不氣餒，有次得知 The Container Store 一位高階採購將出席一個國際性展覽，立即在此展覽租賃攤位；這位高階主管對「livinbox」產品大為讚賞，樹德企業不久後即獲邀為 The Container Store 的供應商。

　　接著，樹德企業先後搶灘美、歐、日知名連鎖通路，包括美國第一大居家修繕連鎖通路 HOMEDEPOT，英國連鎖通路 LAKELAND，及日本東急百貨、排名居冠的辦公室用品網購商 Askul 等。目前，樹德企業產品已行銷全球 70 餘國，且數目持續增加中。

　　吳宜叡進軍國際市場的努力，成效顯著而巨大，帶領樹德企業蛻變為國際級廠商，從 7 成內銷、3 成外銷，倒轉為 3 成內銷、7 成外銷，員工人數更從約 90 人，成長至約 220 人，年營業額亦翻轉超過 4 倍。

投資塑膠回收公司

除此，在2011年，樹德企業創辦點石綠能科技，回收已使用的塑膠產品，予以還原、造粒，再製為可販售的塑料；此投資著眼於整合塑膠產業上、中、下游，擴大企業獲利，並展現跨足其他產業的強烈企圖心。

樹德企業小檔案：

創立：1969年

創辦人：吳景霖、吳陳貴琴

董事長暨總經理：吳宜叡

地點：台中市烏日區

員工數：約220人

轉型心法：深耕品牌、走向國際，成立設計團隊，以不同品牌瞄準不同市場，嚴格控管產品品質與製程，整合塑膠產業上、中、下游。

---

8 ｜ 在最艱困時未忘初衷
福爾銘步入康莊大道

　　許多職人都懷有創業夢，但在職場待得愈久，追求夢想的動力便愈薄弱。唯有當職涯面臨巨大危機時，才會重燃創業夢；但只要挺過危機最高峰，立即將創業夢撇在一旁，龜縮回自己的舒適圈，繼續追求唾手可得的小確幸。

　　畢竟，創業如登蜀道，難於上青天。但福爾銘董事長暨總經理劉福助，卻勇於跨出舒適圈，在32歲時，離開福利、穩定度皆堪比公部門的南亞；年屆不惑時，向明碁集團遞出辭職信，毅然獨資創業。

創業之路顛簸難行

　　計劃於2017年登錄台灣股市的福爾銘，創立於2007年，一路走來並不順遂；初期，更是荊棘滿佈、顛簸難行，若非劉福助咬牙苦撐、絕不放棄，日後便無法採收豐碩、甜美的果實。

　　剛創業時，劉福助滿懷雄心壯志，希望在電子業一展長

才。沒想到，隔年即 2008 年，便遭逢全球金融海嘯，不得不
為求生存而折腰，產製技術層次較低的光碟片、咖啡杯。但在
最艱困的時刻，他依然未曾忘懷初衷，仍擠出時間、經費，
研發模內硬體成型轉印（in-mold decoration by roller，IMR）
技術。

　　在全球金融海嘯爆發後，大多數台灣企業皆淪為波臣，根
基尚不穩的福爾銘，更是風雨飄搖、朝不保夕。劉福助先低
價購置一台光碟片生產機組，再租賃另一台生產機組，主攻中
國、越南等新興國家的光碟片市場，藉此支撐福爾銘的營運；
只是，大多數時刻可獲利，但國際金融秩序仍頗為紊亂，在越
南也曾發生匯損高於獲利之事，讓福爾銘財務更加雪上加霜。

　　「當時，隨身碟剛剛問世，光碟片榮景約僅剩 2 年，無法
長期依賴。」劉福助苦笑地說，為了度過經濟寒冬，福爾銘也
投入生產競爭者更眾的咖啡杯，出身研發工程師的他，只得硬
著頭皮向各企業福委會推銷，還得親自示範沖泡咖啡，練就直
逼咖啡達人的沖泡功力，「常有人勸我，乾脆專營咖啡杯，放
棄原來的夢想吧。」

賣 2 間房籌措經費

　　雖然身處逆境，大大小小打擊迎面而來，劉福助卻毫不動

搖。不過，單靠光碟片、咖啡杯的營收，依然無法讓福爾銘收支平衡，他被迫四處借貸，先後賣了2間房子籌措經費，但仍天天為錢傷神、苦惱，應付隨時可能周轉不靈的窘境。

即使，內憂外患未曾間斷，福爾銘IMR技術卻不斷精進，甚至超越電子大廠。2009年，福爾銘取得台灣IMR膜內漾映材料專利，並獲經濟部SBIR科專計畫研發認證；到了2010年，不僅拿下超霧面IMR專利，更成為台灣首家可自主研發IMR薄膜的廠商。

IMR為精密的科技工藝，其可將圖案印刷在薄膜上，經由一系列製程，使油墨層留在塑件上，最終產品為表面印有圖案的塑件；其優點在於，自動化程度高、可大量量產，但弱點則是，塑件上的圖案容易磨損、褪色，且新品開發周期長、費用昂貴。

對消費型電子產品製造商而言，導入IMR製程，效益相當宏大。因為，IMR既能提高產品品質，品質亦較整齊、穩定；產品外觀亦可進行較多元、複雜的設計，且一體成型，不必再繁瑣加工，製程較簡單、較環保，成品具有金屬感、珍珠色彩，極具市場競爭力。

創業之路顛簸難行

近年來，在國際大廠日本寫真（Nissha）的推動下，IMR技術已取代傳統的噴漆，廣泛應用於平板電腦、筆記型電腦，與手機、數位相機等3C電子產品的塑膠機殼。IMR技術為塑膠射出技術的一種，相關技術已相當成熟，品質優劣實決定於材料；但長期以來，唯有日本企業可生產品質較佳的IMR材料，價格欲低不易，成為台灣電子廠商試圖壓低製造成本時，一直無法突破的瓶頸。

福爾銘的IMR，致力向日本企業產品看齊，不同之處在於，以大規模生產降低成本，採平價策略搶市，成功從日本企業手上奪下訂單。劉福助分析，電子產品汰換速度愈來愈快，可能甫隔3個月，同款產品便推出新品，或產業潮流已然轉移；若論品質，福爾銘IMR材料尚不及日本企業，但符合電子大廠的需求，因價格較低，故仍可獲得青睞。

2011年，福爾銘IMR經射出成型測試，良率達97.2%。同年，華碩推出小筆電，相較於筆記型電腦，其體積較小、重量較輕，售價也更低廉，隨即在全球掀起風潮；為了提高獲利，華碩決定採用福爾銘的IMR材料。福爾銘IMR經華碩認證後，開始向華碩供貨。

不料，小筆電風潮旋起旋滅；約在半年後，蘋果推出平板

電腦，小筆電隨即被市場打入冷宮，再也無法東山再起，沒多久便成為歷史名詞。營運甫見起色的福爾銘，立馬將IMR的主要應用產品，調整為筆記型電腦。

獲大廠、創投注資

在筆記型電腦產業，使用塑膠機殼的筆記型電腦，約有80%的機種採行IMR製程。福爾銘的IMR技術，包括化學配方、印刷塗佈技術，皆領先群倫；從2011到2013年，其IMR先後獲得戴爾（DELL）、聯想（Lenovo）、惠普（HP）等國際大廠的認證，躍居台灣IMR領導廠商。

獲得多家國際大廠認證後，福爾銘終於漸漸步上坦途，客戶數、營業額皆穩定成長。為了擴大客戶群，劉福助亦著手進行轉型，調整商業模式；福爾銘不只為電子大廠生產平板電腦、筆記型電腦、3C產品的塑膠機殼，更同時提供塑膠射出成型廠商IMR技術與材料。

對於塑膠射出成型廠商，福爾銘不僅轉移技術、販售材料，還設計IMR製程相關設備，其可架在客戶原有的機台上，節省添購新設備的可觀成本。客戶IMR製程設備的售後服務，福爾銘亦一手包辦，堪稱「製造業服務化」的典範。

2013年，福爾銘將廠址遷至桃園市平鎮區，並成立自動

化工廠，除了降低人力成本，更可快速因應日新月異、瞬息萬變的電子業潮流。2014年，堪稱福爾銘發展的轉捩點；之前，其由劉福助一人獨資苦撐，此時獲得電子大廠、創投公司注資，終可邁開大步向前行，不再有「巧婦難為無米之炊」的感嘆。

創業之路顛簸難行

目前，福爾銘重要企業股東，包括華宏、仁寶集團等。劉福助直言，新創企業在草創的前幾年，除了少數運氣奇佳的特例，大多數仍處於燒錢階段，若未能作出一番成績，或如福爾銘般研發出獨家技術，要期待大企業、創投公司、天使投資人認股，協助紓解財務困境，無異緣木求魚。

「電子大廠若要自行研發與福爾銘同等級的IMR材料，所需經費遠超過於投資福爾銘。且投資福爾銘，可確保不斷料。」劉福助微笑地說，新創企業縱使擁有超越競爭者的技術，倘若創辦人未展現破釜沉舟的決心，也很難吸引大企業、創投公司、天使投資人慷慨解囊，「為了延續福爾銘的命脈，我賣了2間房子，任何人都會相信我拚事業的決心！」

塑膠產品表面，常有流痕、浮纖、收縮、毛邊等問題，必須進行二次加工，加以修飾、美化，以提升產品品質與價值；

但無論以電鍍、噴塗再加工，都將造成嚴重環境汙染。

　　2014年年底，中國政府開始嚴格執行環保政策，強化控管汙染環境的產業，對諸多產業皆造成劇烈衝擊；福爾銘IMR因採用環保材質，故成為最佳替代選擇，中國電子產業遂紛紛改採IMR製程與材料，福爾銘業績也隨之突飛猛進。福爾銘於是在中國崑山設立服務據點，就近服務客戶，並積極開發新客戶。

研發更多元的應用

　　「研發人員創業，最大迷思在於，常認為只要產品品質卓越，就一定可在市場勝出。」劉福助感歎地說，日本企業式微正是明訓，台灣企業產品品質雖仍略遜一籌，卻擁有平價實惠、服務周到且細緻等優勢，故能在全球市場佔有一席之地，不必妄自菲薄。

　　獲得電子大廠、創投公司奧援後，劉福助語氣堅定地說，福爾銘來年的目標，除了進軍資本市場、拓展中國市場，更希望繼續深耕技術，研發更多元的應用，讓公司根基更穩固，前景更璀璨！

福爾銘小檔案：

創立：2007年
創辦人暨董事長暨總經理：劉福助
地點：桃園市平鎮區
海外據點：中國
員工數：約30人
轉型心法：打造優質平價產品，讓客戶深感物美價廉，甚至物超所值，並提供全方位服務，消弭客戶所有疑問。

9 │ 佑展企業勇於壯士斷腕
東山再起後再攀新高峰

　　「君子棄瑕以拔才，壯士斷腕以全質」，實乃至理名言，但知易行難，能為者寥寥無幾。「君子棄瑕以拔才」其義為，君子應克服自己的缺點，方可發揮才能；「壯士斷腕以全質」則指，勇士若被腹蛇咬傷手腕，應立即截斷，以免劇毒擴散全身，死於非命。

　　當企業已離鬼門關不遠，非轉型不足以起死回生，首要之務常是壯士斷腕；其比著手轉型，更令企業主猶豫、掙扎。當全球金融海嘯鋪天蓋地襲來，佑展企業即因勇於壯士斷腕，及時裁減員工、出售廠房、清償銀行貸款與協力廠商貨款，終於保留一線生機；在全球金融海嘯浪頭遠去後，其迅速東山再起，業績更勝往昔。

隨台灣汽車產業一路成長

　　創立於1987年的佑展企業，主力產品為中、小型汽車模具與零組件，客戶版圖涵蓋台灣、中國、日本、印尼、泰國、

印度、美國，與加拿大、巴基斯坦、馬來西亞等國；更已在杭州市蕭山區設廠，全力衝刺中國汽車市場。

「剛踏入職場時，我從事機械業，因常被公司派遣到國外出差，讓我看見汽車產業的豐厚商機。」佑展企業創辦人暨董事長陳鋒陽回憶道，當年工作雖穩定，但家中人口多達8人，經濟並不寬裕，遂決定自行創業，「佑展企業初期亦以機械製品為主，之後慢慢轉向汽車模具、零組件產業。」

20世紀80年代中葉，全球汽車產業正蓬勃發展，台灣政府亦大力挹注本土汽車產業。佑展企業轉入汽車相關產業，正逢台灣汽車產業快速起飛之際，亦隨之鯉躍龍門，員工數從創業時的6人，一路成長至約200人；其先為汽車AM（after market，售後維修）廠製作模具，之後陸續接獲汽車廠的模具訂單，再跨足汽車零組件研發、設計、生產。

為了精進汽車模具技術，佑展企業持續與日本汽車大廠進行技術交流，並戮力學習其管理制度、精神。剛創業時，因為員工數不多，無論大事、小事、雜事，陳鋒陽皆親力親為，每天約早上6點便開始工作，到了晚上約11點才休息；如此維持了將近10年，直到他腰部受傷，才略為放鬆。

首次進軍中國市場即失利

「自腰部受傷後，我才下定決心，有計劃地擴充規模，並培養年輕幹部。」陳鋒陽醒悟，企業主縱使才華、精力、技術能力過人，但終究是1個人，唯有適度放權、群策群力，企業方能茁壯、成長；原本對財務一竅不通的他，在銀行提點後，開始以廠房設備抵押貸款，讓佑展企業周轉資金更為寬裕，更有能量向前奔馳。

不過，台灣市場不大，新車年銷售量自攀登55萬輛的歷史顛峰後，便逐年下滑，意謂台灣汽車產業已步入成熟期。大多數台灣汽車相關企業經營者，都有開拓海外市場的雄心，陳鋒陽亦不例外；他密集前往日本、美國等國家考察，並推動佑展企業產品取得多項國際認證，為進軍國際市場作足準備。

1988年時，佑展企業首次搶灘中國市場；此時，中國汽車產業尚處於萌芽期，亟需台灣汽車產業的技術奧援。佑展企業與數家汽車零組件廠商，合組一家汽車公司，承攬中國一筆小發財車的訂單，訂單金額高達860萬美元；此家汽車公司的核心人物，正是以技術起家的陳鋒陽。在他的協調、整合、領導下，終於於2年後交貨。

「因為訂單的金額、技術層次，超過佑展企業與其他汽車零組件廠商的能力上限，故決定共組汽車公司。」陳鋒陽感嘆

地說，原本一切順風順水，但天有不測風雲，在收到90%貨款
後，中國政府高層進行改組，新任總理朱鎔基雷厲風行「宏觀
調控」，大力查緝企業逃漏稅，「小發財車的業主慘遭波及，
被迫歇業，無力支付剩下的10%貨款。」

打進南亞、東南亞等市場

　　10%的貨款，等於86萬美元，就此「打了水漂」，成為永
遠無法追討的呆帳，損失頗為慘重。「一朝被蛇咬、十年怕井
繩」，在此次慘痛經驗後，佑展企業暫時退出中國市場，專注
發展台灣模具、零組件業務；到了21世紀，其才踵繼台灣客
戶的腳步，前往對岸設廠。

　　進入20世紀90年代後，佑展企業致力提升產品品質，並
強化與台灣汽車廠的夥伴關係；之後，其再與數家汽車模具廠
商結盟，再次合組汽車公司，第2次向中國市場叩關，終於揚
帆疾馳，合作對象遍及中國各大汽車廠。

　　「此時，中國模具產業技術能量甚低，雖然買了為數可觀
的歐、美二手模具，卻僅是擺設；中國各大汽車廠多半委託台
灣模具廠製作模具。」陳鋒陽豪氣干雲地說，佑展企業不僅深
耕台灣，在國際市場亦不斷開疆拓土，除了經略中國市場，還
成功打進南亞、東南亞市場，並將汽車零組件銷售至美國。

　　隨著營業額屢創新高，位於桃園市八德區的舊廠房已不敷使用，陳鋒陽決定在桃園市龍潭區另起爐灶，興建新廠房。沒幾年，因訂單應接不暇，佑展企業又在桃園市大溪區購置約4千坪土地，擘建符合國際規格的模具廠，其規模堪稱台灣模具廠之冠，旨在因應新訂單，預計約7年可回收成本。

全球金融海嘯重創汽車業

　　佑展企業猶如鳶飛戾天的驚人成長，在2008年的全球金融海嘯爆發後，橫遭截斷。全球金融海嘯蹂躪諸多產業，汽車產業災情之慘重，不亞於金融業，連美國前3大車廠通用（General Motor，GM）、福特（Ford）、克萊斯勒（Chrysler）都面臨嚴重財務危機，其他國家汽車廠亦慘遭重創；不久後，通用更宣佈破產。

　　在全球金融海嘯發生前，佑展企業已與通用、福特兩大汽車廠，達成合作協議，將成為其在亞洲區的模具供應商。當通用、福特已自身難保，全球汽車相關產業無不哀鴻遍野，佑展企業雖訂單如常，但應收帳款卻高達2億多元，協力廠商紛紛向陳鋒陽訴苦財務困窘，希望可展延付款日，讓他備感壓力。

　　在數家協力廠商瀕臨倒閉之際，陳鋒陽義無反顧地全力相挺，協助它們度過難關，卻使佑展企業營運更加艱厄，雖有

銀行擴大貸款，但危機仍步步進逼，令人步步驚心。當時他預估，全球金融海嘯的影響將長達5到7年，唯有壯士斷腕，才能「留得青山在、不怕沒柴燒」。

「當時，佑展企業猶如一艘駛在太平洋洋心的小船，遭遇海嘯的最佳對策，既非向前，也不是後退，而是就近尋覓島嶼停泊，靜待海嘯遠離。」陳鋒陽語氣平和地說，為了保存日後東山再起的基業，他裁撤逾30%的員工，出售大溪廠的土地、廠房，全數退還股東的資金，將設備集中至龍潭廠，並償還所有銀行貸款、未付貨款，「至於中國訂單，則交由合組集團公司的其他模具廠執行。」

善待員工才是最大的善行

陳鋒陽自認，作了最壞的計畫與最壞的打算；無奈，此舉卻讓謠言四起，有人謠傳佑展企業已寅吃卯糧，還有人聽聞佑展企業即將歇業。然而，佑展企業距離解散，最近僅一線之遙；陳鋒陽曾召集全公司幹部、員工，告知他們佑展企業的困境，並已準備好資遣費，但幹部、員工眾口一聲，希望繼續撐持下去。

在幹部、員工中，不乏年資已逾20年者；背負著上百個家庭的期待，陳鋒陽打消了金盆洗手的念頭。他語重心長地

說，若干企業大張旗鼓施行公益，但善待部屬、員工，其實才是最大、最值得被讚許的善行。

幸而，天無絕人之路，全球金融海嘯來得快，去得也急，讓佑展企業得以喘息。當時，有家汽車產業配套廠周轉不靈而關張，雖然其規模不大，卻造成台灣汽車產業供應鏈斷鏈，5家汽車廠被迫停工，遂將訂單移轉至佑展企業；加上裕隆集團為創立自主品牌LUXGEN，成立華創、納智捷公司，並委託佑展企業研發高張力鋼板，使其陰霾盡去、重返榮耀。

除此，來自日本、印度、馬來西亞等國的訂單，亦源源不絕，終於讓佑展企業再創營運新顛峰。裕隆集團為插旗中國汽車市場，與中國東風汽車合資，在杭州市成立東風裕隆；佑展企業也隨之在杭州市設廠，就近服務客戶。

積極投入車體輕量化研發

經過多年的摸索、學習，中國模具產業現已遍地開花，模具企業已超過上萬家。陳鋒陽直言，中國模具產業快速成長，台灣模具廠實功不可沒；但為確保技術領先的優勢，縱使是中國客戶或台商的模具訂單，他堅持在台灣製造模具，再運送至中國，雖得被徵收高達17%的貨物稅，每年約減少2千萬元人民幣的利潤，迄今仍未改弦易轍。

佑展企業員工數現已恢復舊觀,又已超過300人,在整體營業額中,外銷、內銷約各佔50%,但外銷利潤較高;而在整體利潤中,汽車模具、汽車零組件約各貢獻一半。

目前,中國仍是全球汽車產業成長最迅速的國家,佑展企業日後仍將主攻中國汽車市場;在對岸,其主要客戶除了東風裕隆,還有致力研發電動車的長江汽車。未來數年,配合中國政府挹注電動車、車體輕量化的政策,佑展企業將積極投入鋁合金車身的技術研發。

車體輕量化已是全球汽車產業的主流趨勢,鋁合金車身質量雖輕,但如何克服其安全性不足的問題,將是技術研發的最大關卡。當下,在全球眾車廠中,僅有奧迪(Audi)、本田(Honda)兩家車廠,曾推出鋁合金車身的車款;佑展企業為迎頭趕上先進國家的鋁合金車身技術,特成立鋁合金技術研發小組,著手研發鋁合金電池架、引擎蓋,搶攻車體輕量化商機。

將在浙江省、江西省擴廠

到了2016年,佑展企業在中國投資的杭州佑展實業,成立已屆5年,產能已然飽和,現正積極興建第2期廠房。在第1個5年,佑展企業共為東風裕隆、長江汽車2家汽車公司,

開發6種車型，並提供相關零組件；更為長江汽車研發電動巴士、電動轎車的車身結構與零組件。

杭州市現已是中國的汽車重鎮之一，在可見的未來，於此設廠的汽車公司，將從8家增至10家。2017年下半年，待佔地67畝的杭州佑展實業第2期廠房完工後，佑展企業的產能可望增加3倍，當是其擴大競爭優勢、躋身國際級企業的利基。

陳鋒陽充滿信心地說，根據他的估算，在2019年時，杭州佑展實業第2期廠房產能亦將滿檔，因此佑展企業已在浙江省海寧市周王廟鎮，另覓一塊面積達130畝的土地。未來，佑展企業將在此興建新廠房，作為板金零組件沖壓、生產基地。

除了在杭州市持續擴廠，佑展企業也應江西省上饒市招商局之邀，將前往上饒市，擘建汽車零組件生產基地；據悉，共計有5家電動車公司、7家電池廠，將在上饒市設廠，其將蛻變為中國電動車產業的要塞。在汽車零組件領域，佑展企業正致力研發電動車電池箱，期許成為中國電動車電池箱的最大生產商。

朝4大發展方向齊頭並進

因應汽車產業的新趨勢，陳鋒陽透露，佑展企業有4大發展方向；除了繼續深耕汽車模具、零組件領域，更將傾全力研

發電動車電池箱,與應用於汽車的鋁合金技術。他補充道:「雞蛋不僅不可放在同一個籃子裡,且應該放在更安全的籃子裡!」若僅偏重某一方向,在遭遇瓶頸時,將導致佑展企業發展遲滯,如此佈局可確保企業穩定向前,更希望4大方向可齊頭並進。

在杭州佑展實業第2期廠房投產後,佑展汽業可望從中小企業,躍居為大型的集團企業。為達成於2019年於台灣股市掛牌的目標,佑展特設4個業務小組,以期拉抬業績,並與國際接軌;1個小組服務現有客戶,1個小組專事開發國際市場,主攻日本、印度、印尼、馬來西亞等國家,1個小組深耕電動車市場,1個小組負責挖掘車體輕量化商機。

「印度人口數,僅次於中國,居全球第2位,亦是龐大的汽車市場。」陳鋒陽指出,10多年來,佑展企業一直是VG、JBM等印度汽車公司的模具供應商之一,而在杭州佑展實業第2期廠房量產後,VG、JBM亦承諾,將提高訂單的額度。

隨著公司擴大規模,佑展企業對資金、人才的需求,將遠勝往昔;進階為上市櫃公司,是最可行的解決途徑。陳鋒陽強調,汽車產業即將邁入自動化階段,此將是供應鏈相關企業的共同挑戰,但佑展企業無所畏懼,相信秉持「時效、品質、誠信」原則,因應時代、產業潮流轉型,便將成為產業的領導者,而非追隨者。

　　「汽車相關產業是資金密集、人力密集、技術密集的產業，以汽車模具廠為例，光是模具開發，平均得耗費1年的光陰，創業、營運不易，轉型更難。」陳鋒陽直言，當企業面臨巨大危機，或面臨轉型壓力，企業主在深思熟慮後，應果決地採取行動，否則當斷不斷、反受其亂，錯過了解決危機、轉型的最佳時機，必將抱憾終身！

佑展企業小檔案：

創立：1987年

創辦人暨董事長：陳鋒陽

產業別：汽車模具、零組件

地點：桃園市龍潭區

海外據點：中國

轉型心法：從機械業轉進汽車模具製造，再跨足汽車零組件。與其他模具廠結盟，進軍中國市場，當全球金融海嘯爆發後，毅然壯士斷腕，保留來日東山再起的基業；並追隨台灣主要客戶的腳步，前往杭州市設廠，就近服務客戶。現更努力追趕車體輕量化潮流，積極研發鋁合金車身、電池架、引擎蓋。

10 | 靠燒冷灶持續壯大
地儀光電低調稱王

香蕉、高麗菜產量供過於求,導致價賤傷農,像是沒有完結篇的悲劇,每隔幾年便重複上演一次。在悲劇發生後隔年,因部分果農、菜農轉種其他農作物,香蕉、高麗菜價格逐步走揚;待其價格攀登新高後,再度吸引眾多果農、菜農,一窩蜂地大規模搶種,再度釀成悲劇。

周而復始的悲劇循環,並非台灣農業獨有,電子產業亦已司空見慣。地儀光電創辦人暨董事長林泉源語重心長地說,當某項電子零組件奇貨可居時,總會有原本不生產此產品的企業轉進,美其名為產業供應鏈垂直整合,或跨領域投資;但當此產品被大量量產後,其價格瞬間崩跌,且不像香蕉、高麗菜有再起之日,若干曾不可一世的知名企業,就此一蹶不振,甚至倒閉。

未來十年將無敵手

創設於1989年的地儀光電,從未盲目追求產業潮流,沒

想過擠在熱灶旁,以期可分一杯羹,總默默、認分地燒著冷灶;雖是冷灶,卻也滋養地儀光電持續壯大。林泉源自豪地說,在未來10年,地儀光電已確定可穩健成長,且不會出現可與之匹敵的競爭對手。

目前,地儀光電的主力產品為多功能事務機(multi function product,MFP,結合掃描器、印表機)、手機、筆記型電腦與諸多通訊、光電產品零組件,總廠設於苗栗縣竹南鎮,其他生產基地分別位於中國廣東省東莞市、江蘇省蘇州市與菲律賓。

「我的創業歷程,相當戲劇化。」林泉源指出,在他青少年時,台灣化工相關產業蓬勃發展,他亦選讀最熱門的化工科;但在畢業後,多數同學選擇繼續升學,他則毅然投入職場,「當時,化工科畢業生謀職頗易。離開校園沒幾日,我便應徵進一家大型化工企業。」

一般上班族受聘於大型企業後,幾乎都想安身立命、無災無難到退休,對不合理的制度、企業文化,盡量睜一隻眼、閉一隻眼;但林泉源卻無法忍受大企業內部的腐敗,決定放棄安穩的薪資,掛冠而去。

網球教練變企業家

辭職後，林泉源並未投身其他家化工企業，而是轉往新竹科學園區的網球俱樂部擔任教練。學生時代，林泉源熱衷參加社團活動，既擔任樂隊指揮，又是網球社的一員；因為球藝頗佳，他特別參加網球培訓課程，並考取網球教練執照。他從未想過，教網球竟成他人生的轉捩點。

在新竹科學園區擔任網球教練，林泉源發現，學員幾乎清一色在園區企業任職；與大多受薪階級不同，這些學員神采飛揚、出手闊綽，顯見收入相當豐厚，激起他強烈的好奇心。為了深入認識新竹科學園區，林泉源網球教學特別認真；即使已過下課時間，只要學員留下來請教，他一定不厭其煩地細心指導。

因此，他深受網球俱樂部學員的喜愛與信任；透過與學員的交流，讓他熟稔新竹科學園區的生態與電子產業的趨勢。任職網球教練約半年後，林泉源察覺，台灣掃描器產量迅速激增，從往年的數百台，激增至數十萬台；此時，掃描器零組件隨時可能出現短缺，正是奮力一搏的絕佳時機。

於是，林泉源辭去網球教練，獨資成立地儀光電，生產掃描器零組件。阮囊羞澀的他，曾向銀行申請貸款，但因沒有不動產可當抵押品，被迫打退堂鼓；幸而，他靠著參加多個互助

會，終於湊足創業基金。

從互助會籌措資金

「我參加的互助會，多由網球俱樂部的學員發起。」林泉源回憶道，在創業初期，一旦有資金需求，皆透過互助會籌措、周轉，「幸而，當年掃描器零組件獲利率相當高。在創業3年後，我便繳清所有會款，從此不再參加互助會。」

在20世紀90年代，台灣眾多產業開始將生產基地西遷中國，包括電子零組件產業；林泉源審時度勢，決定跟隨主要客戶的腳步，前進中國設廠。他直言，地儀光電創立之初，廠房位於新竹科學園區附近，應聘幹部頗為不易；當時，中國工資仍遠低於台灣，地儀光電在中國的廠房，很快就招募到足額的幹部。

「在中國設廠的第1年，實為摸索期。自第2年起，營運才步入正軌。」林泉源指出，因人力成本較低，原本在台灣無力研發的產品，在中國皆如願完成，獲利亦大幅提升；1998年，地儀光電先在東莞市設廠，2001年，增設蘇州廠，「但為了根留台灣，2003年時，我決定在竹南鎮興建總廠。」

林泉源更將在中國的獲利，轉投資蘇州市房地產。在21世紀前，與台灣房地產相較，蘇州市房地產價格仍頗為低廉；

他大舉收購當時蘇州市售價最高昂的物件，且直接支付現金。進入21世紀，蘇州市房地產價格開始飆漲；處分房地產的獲利，成為地儀光電添購設備、增聘員工的資金後盾。

化危機為轉型契機

在2008年之前，地儀光電規模、營業額與獲利皆持續膨脹，發展堪稱順利。但隨著中國經濟崛起，對岸廠商蠶食鯨吞台灣企業訂單，加上全球金融海嘯來襲；林泉源醒覺，來自台商的訂單，再也無法恢復昔日榮景，地儀光電若想百尺竿頭、再進一步，除了主攻國際市場，別無他法。

可是，林泉源深知，要打進國際產業供應鏈並非易事，縱使產品單價較低，若品質未達國際標準，也必將鎩羽而歸。然而，2008年全球金融海嘯來襲，地儀光電雖也是受災戶，卻靠著延攬德商馬來西亞廠的技術人員，兵不血刃地跨足國際市場。

當時，此家執全球多功能事務機零組件市場牛耳的德國企業，馬來西亞分公司因財務周轉不靈而倒閉，開價500萬美元兜售。經過縝密的評估，林泉源否決購併該分公司的計畫，但在附近另建廠房，聘僱其技術人員，成功研發、生產與此家德國企業媲美的多功能事務機光學尺（encoder strip），且耗資低

於500萬美元。

　　然而，林泉源認為，此家德國企業馬來西亞分公司關廠，技術人員亦難辭其咎，不可久用。於是，他派遣台灣幹部進駐馬來西亞廠，待其盡習技術精髓後，再將原有技術人員調派至台灣，更將光學尺生產基地移至蘇州廠；不久後，便達成技術人員換血的目標。

量力而為不躁進

　　光學尺為多項電子產品不可或缺的重要零組件，但長年以來，其市場由2家企業所壟斷，分別為日本與新加坡的美國公司。突破壟斷、躋身光學尺供應商後，地儀光電國際知名度、影響力陡增，正式與國際市場接軌。

　　除了光學尺，庶務機玻璃亦是地儀光電重要獲利來源。林泉源直言，地儀光電專注於庶務機玻璃，未曾涉足商機更龐大的手機玻璃；原因無他，若要搶進手機玻璃市場，因其產量遠高於庶務機，就得耗費鉅資購買新設備，實非地儀光電所能負荷。

　　「庶務機雖較為冷門，但其年產量仍相當可觀。」林泉源謙虛地說，地儀光電營運量力而為，不進行超越能力範圍的擴張，且寧可低調行事，亦不以名列上市櫃公司之林為目標，

「因此，我捨棄生產塑膠機殼。塑膠機殼商戰，等同於資金戰，地儀光電絕非中國企業之敵。」

　不過，在數個庶務機零組件，地儀光電已是全球領導者，市佔率皆為全球首位；林泉源豪氣干雲地說，縱使其他競爭對手群起攻之，他亦無所畏懼。迄今，地儀光電仍持續研發新產品；他直言，研發一項新產品，至少得耗費 3 千萬元，自研發成功到成為主流產品，最短也得 3 年，創新之路極為艱鉅。

高壓管理已過時

　「中小企業轉型，應從自身的核心技術進行延伸，否則成功機會微乎其微；轉型亦不能孤注一擲，畢竟產業、市場變化，時常出人意料。」林泉源提醒，企業經營者看到熱銷產品就眼熱，也想投入戰局，「若貿然投入不熟悉的領域，很可能被先前沒看見的門檻、成本絆倒，未蒙其利，反受其害。」

　但縱使以自身核心技術為根基，中小企業假使沒有充足的資金，轉型將無以為繼。林泉源苦笑地說，中小企業若要進軍國際市場，常常得苦熬 3 年以上，才能獲得國際級大企業的訂單，「通過國際級大企業的觀察期，確定無突然倒閉之虞，且產品品質優於現有產品，方可晉身其協力廠商。」

　　來自台灣企業的訂單，通常以月為單位，來自國際大企業的訂單，多半以年為單位；若能爭取到國際大企業的訂單，中小企業發展將更平穩。若中小企業的主戰場在中國市場，面對中國企業的強力競爭，其實無須膽怯；因為，大多數中國企業政商關係雖佳，產品品質依然遠不及台商的產品，台商仍大有可為。

　　「中小企業在轉型的過程中，應致力降低人員流動率；否則，即使技術超群、資金寬裕，仍將功虧一簣。」林泉源直言，早年台商接獲大訂單後，總日夜不停歇地趕工，以期在最短時間內交貨，「今日，高壓管理的模式已行不通了。即使趕工，中小企業仍得適度休假。對待員工，獎勵應多於懲處；對待接班人，不必過度苛責，應讓他快樂地學習、成長！」

地儀光電小檔案：

創立：1989年

創辦人暨董事長：林泉源

產業別：電子零組件

地點：苗栗縣竹南鎮

海外據點：中國、菲律賓

轉型心法：不盲目追求產業潮流，專注多功能事務機、庶務機零組件。在中國獲利後，轉投資蘇州市房地產；當全球金融海嘯來襲時，在馬來西亞興建工廠，延攬已倒閉德國企業馬來西亞分公司的技術人員，成功研發高品質的光學尺，進軍國際市場；不斷研發新產品，現擁有數個市佔率全球第一的電子零組件。

11 以高科技投入資源回收 環拓科技從廢輪胎煉金

　　暢銷書《有錢人想的和你不一樣》（Secrets of the Millionaire Mind），讓許多讀者領悟，為何自己奮力向前，卻依然陷於貧困。套用此書的書名，大多數失敗者皆頗為努力，甚至比成功者還更努力，卻與成功絕緣；成功者得以勝出的關鍵，在於和一般人想得不一樣。

　　大多數創業者都投向最熱門的產業，環拓科技卻選擇相對冷門的資源回收業。然而，歷經10餘年的拚搏，當同行者紛紛陣亡、退出，環拓科技卻研發出獨步全球的熱裂解技術，終於看見彼岸的光景；在可見的未來，環拓科技不僅將擴大熱裂解技術應用層面，更將嘗試整廠輸出，可望帶動台灣資源回收產業蛻變與躍進。

　　創立於2005年的環拓科技，主力業務為塑膠、橡膠、有機廢棄物的回收與處理，並提供資源回收業者有機廢棄物熱裂解及熱處理系統專業設計、設備建造施工、製程操作與品管技術規劃等服務，現為全球唯一商業營運的廢輪胎熱裂解廠。近年來，環拓科技更積極研發土壤熱脫附處理技術，其將是受污

染土地恢復生機的利器。

今日冷門可能是明日熱門

「數十年來，大學熱門科系不斷汰換。產業亦然，今日的冷門產業，可能是明日的熱門產業；但在冷門產業中播種、耕耘，遠比熱門產業辛苦，收成亦遠為緩慢。」環拓科技創辦人暨董事長袁連惟堅定地說，由於地球資源已日益枯竭，資源回收產業日後終將躍居明星產業，「幸而有政府政策支持、經費挹注，否則創業之路將更為崎嶇、坎坷。」

早已在營造業卓然有成的袁連惟自承，因懷抱夢想，故創立環拓科技，以城市採礦之精神跨足資源回收產業。昔日，資源回收產業因常遭不法分子染指，故形象欠佳，加上大多數業者工藝技術偏低，僅進行廢棄物分類，未以高科技進行後續處理，工作環境惡劣、髒亂；但因如此，在袁連惟眼中，正是一塊值得開墾的處女地。

製造業將原材料製成產品，產業舊思維為「從搖籃到墳墓」（cradle to grave）；資源回收業則是將被廢棄的產品，回復成原材料，產業新思維為「從搖籃到搖籃」（cradle to cradle）。從「從搖籃到墳墓」指資源僅能一次性使用，最終命運不外乎耗損、被丟棄，「從搖籃到搖籃」則師法自然，讓

資源可以不斷回收、再利用。

　　不過，廢棄物種類實在太多，研發回收技術，若散彈打鳥，註定一事無成；幾經討論，環拓科技最終鎖定廢輪胎。全球每年遭廢棄的輪胎約3千萬公噸，數量雖遠不及廢塑膠，但仍造成嚴重的環境污染；廢輪胎如何回收、再利用，數十年來，一直是世界各國資源回收產業的共同課題。

輪胎大國應對環境負責任

　　早年，台灣處理廢輪胎，皆以低階處理技術作為煤替代物燃燒，不僅浪費珍貴資源，更是空氣污染的重大元兇之一。袁連惟指出，台灣廢輪胎「年產量」雖僅約12萬公噸，卻是輪胎生產大國，理應對廢輪胎回收、再利用，負起道義責任；先前，台灣曾有10多家廠商投入廢輪胎回收技術研發，包括環拓科技重要股東高興昌，卻全數以失敗告終。

　　在環拓科技參與廢輪胎回收技術前，先進國家已認為裂解技術是解決廢輪胎之最佳技術，其可分解出3種原材料：裂解油、鋼絲、碳黑。其中，裂解油可製成燃料，鋼絲的回收與再利用非常成熟；但體積最大的碳黑，卻無法回收、再利用，且庫存碳黑經常衍生二次污染，令資源回收業者備受困擾。

　　其實，先前便曾多達數百家企業、研究機構，致力研發再

生碳黑商品化的技術，但全都栽了跟斗。環拓科技成立初期，亦遭遇重重難關，因無成功案例可借鏡，一切都得自行摸索，失敗經驗多得難以勝數；歷經多年的嘗試，終於克服設備不良、環境污染、人才短缺等問題，成功研發新的熱裂解技術，讓由廢輪胎所裂解出的碳黑，可再次被利用。

　　為了網羅熱裂解技術人才，環拓科技四處徵才、挖角；曾有一位關鍵人才，袁連惟花了長達2年的時間，才說服其加入行列。環拓科技廠址位於屏東縣枋寮鄉，雖地處偏遠，卻人才濟濟，現更已儲備數位可管理10萬公噸級工廠的廠長級人才，奠定未來拓廠、進軍國際市場的深厚基礎。

產製可再利用的環保碳黑

　　在成功研發新的熱裂解技術後，環拓科技又耗費可觀的人力、物力、時間，建立全新的品管制度。目前，環拓科技採用低耗能的全自動連續式熱裂解製程系統，從廢輪胎胎片投料、裂解反應、油品生產純化，一直到碳黑改質、研磨、造粒等程序，皆由電腦全自動監控，再經碳黑品管實驗室確認品質。

　　只是，歷經千辛萬苦，環拓科技所產製可再利用的環保碳黑，卻銷售無門、屢屢碰壁；歷經數不清的叩門、解說與被拒絕後，才逐漸打開應用市場，現主要應用於製造輪胎、橡膠輸

送帶與色母粒。然而，輪胎安全與否，攸關駕駛、乘客生命安全，不得有絲毫馬虎；環拓科技的再生碳黑已通過相關安全驗證，並獲得建大輪胎等大廠的認可、採購。

2013年，環拓科技興建廢輪胎處理示範廠，兼具廢輪胎蒐集、破碎、裂解與再生產品精煉等功能，每年約可處理3萬6千公噸廢輪胎，產品除了再生碳黑，還包括鋼絲、再生油品，與廢輪胎處理過程所產生的蒸氣。

「聽聞廢輪胎處理所產出的再生品，如再生碳黑，大多數台灣企業避之唯恐不及，但許多先進國家企業卻甚為歡迎。」袁連惟直言，縱使再生品品質已與新品相仿，台灣廠商仍普遍保守傾向使用新品，但先進國家企業標榜環保，常優先選用再生品，「環拓科技開拓國際市場，遠比國內市場容易，但仍期待台灣企業支持，共同促成循環經濟。」

創新產業得有信心、耐心

而且，台灣廢輪胎量僅佔全球廢輪胎量約0.5%，在可見的未來，環拓科技將主攻國際市場，除了銷售再生產品，提供製程、設備設計諮詢，也將進行整廠輸出。環拓科技的知名度已行遍全球，亦努力向其他國家廠商介紹獨家技術，現其再生碳黑已可外銷越南、泰國、中國等國，亦有美國製鞋大廠前來

測試其品質;現在,經常有國際企業代表造訪環拓科技,並洽詢可能的合作方式。

雖已研發出全球第一的廢輪胎熱裂解技術,且業務開展漸入佳境,但環拓科技仍未轉虧為盈。然而,袁連惟堅信高科技資源回收業前景可期,即使已虧損12年,仍是信心十足,持續將其他事業體的獲利,轉投入環拓科技,期待獲利豐收之日儘速到來。

「投資創新企業,一定得具備過人的信心、耐心,否則根本不可能成功。」袁連惟以便利商店為例,指出統一集團並非台灣便利商店的開創者,另一個集團更早開設便利商店,卻在連續虧損5年後收手,錯失躍居零售通路龍頭的契機,「統一集團的7-11在連續虧損7年後,才告別營運赤字,之後規模、盈收扶搖直上。」

如今,全國便利商店總計已超過5千家,服務內容堪稱包山包海,已是台灣最值得誇耀國際的產業之一,但7-11始終穩居便利商店產業領導者。袁連惟認為,在可見的未來,全球環保意識必將持續高漲,世界各國的環保法規亦將日益謹嚴,高科技資源回收業「麻雀變鳳凰」之日,已然不遠。

中國廢輪胎處理商機可期

在環拓科技的國際市場佈局規劃裡，中國可望是比重最高的國家，原因無他，中國每年約製造1千萬公噸的廢輪胎，約佔全球廢輪胎總量的30%；而且，中國廢輪胎處理技術相對落後，常造成嚴重的環境污染，導致處理廠只能建在人煙罕至的偏鄉。

伴隨著經濟起飛，汽車數量驚人激增，中國廢輪胎量日後有增無減，亦將是自然、生態的大敵。即使保守估計，中國至少需興建數十間採用熱裂解的廢輪胎處理廠，才能舒緩廢輪胎的巨大威脅；因此，環拓科技整廠輸出商機可期，現仍處初步接觸階段。

在未來10年，熱裂解將成為處理有機廢棄物的主流技術。無可諱言，輪胎產業製造技術日新月異，雖然輪胎形狀、安全規範不會有變，但輪胎材質卻可能推陳出新，將是環拓科技廢輪胎處理的一大挑戰；未來，其勢必得針對輪胎材質的變化，不斷調整、精進熱裂解技術。

目前，環拓科技已獲經濟部科專計畫6千萬元挹注。袁連惟甚感欣慰地說，通常獲政府此等級補助的企業，資本額多超過100億元；環拓科技資本額尚不及這些巨擘的10%，代表其技術實力已深受肯定與期待。

　　「要製造 1 公噸的原生碳黑，約莫得耗費 2 公噸的石油；妥善回收、再利用廢輪胎，既可減輕環境污染，又可避免浪費資源，更有 CO_2 減量的效應。」袁連惟加重語氣說，創新事業應勇於開創，但在精進技術之餘，仍得善盡社會責任，「環拓科技初期在台南開發熱裂解技術時，也曾發生過環保問題，唯有向鄰居低頭道歉、解釋，才能維持鄰里和諧！」

環拓科技小檔案：

創立：2005 年
創辦人暨董事長：袁連惟
產業別：資源回收
地點：屏東縣枋寮鄉
轉型心法：不散彈打鳥，專注於廢輪胎處理，致力招攬專業人才，研發新的熱裂解技術，努力開發國際市場；並積極研發土壤熱脫附處理技術，切入污染土地復原領域。

第二章

新需求

1 | 新需求帶動新商機
唯轉型可雨露均霑

　　中壯世代無法揣度,當父母親剛成家時,家中沒有冰箱、瓦斯爐、熱水器,又如何操持繁雜的家務。許多青年世代亦難以想像,父母親在年輕時,如何過著沒有手機、網路、捷運、高鐵的日子。

　　科技日新月異,新商品令人目不暇給,人類的生活型態、消費需求,亦隨之快速轉變。因為時代、產業潮流更迭頻密,企業若不致力轉型、升級,思考、摸索在滔滔新潮流中的立足之道;縱使當下財大勢雄、一呼百諾,亦終將如羅馬帝國般土崩瓦解,成為歷史的一抹煙塵。

全球經濟重心已位移

　　況且,全球化時代已屆,國家與國家的界線日益模糊,商品流動愈發快速,且其「生命週期」遠較昔日為短。晚近,資通訊科技(information and communication technology,ICT)突飛猛進,消費者每天都可收到數量可觀的商品訊息,刺激其

新的消費需求。

　　企業開發新產品、新服務，為新的消費需求推波助瀾；推動企業持續開發新產品、新服務的力量，主要為新市場、新科技與新價值3者。當新市場、新科技與新價值出現時，產業供應鏈必將重組；企業若不適時轉型、升級，遲早將被排擠出供應鏈，在新潮流中滅頂。

　　以下，將依次解析新市場、新科技與新價值，如何催生新的市場需求。首先是新市場，自2008年全球金融海嘯以降，全球部分經濟重心已逐漸轉移至亞洲新興國家；亞洲新興國家亦頒佈諸多經濟政策、行政措施，以期擴大內需市場。最積極且成效最顯著者，當屬東協諸國。

　　根據IHS環球透視（IHS Global Insight）公司分析，在先前10年，亞洲經濟主要帶動國為中國、印度2大經濟體。然而，擁有6億多人口的東協10國，不僅人口每年成長約1千萬人，國內生產毛額（GDP）總和現更已超過印度，可望成為亞洲經濟向前進的新引擎。

東南亞將成重要市場

　　擁有豐富天然資源與豐沛的勞動人口，在可見的未來，頗有機會取代中國，成為新的「世界工廠」，其內需市場的成長

力道強勁，勢必將躍居世界主要消費市場之一。早在20世紀80年代，諸多台灣企業便已挺進東南亞國家投資，此後一直是該區域投資金額最高的前幾國。

昔日，台灣企業在東南亞國家的投資，多集中於製造業，目的以其為製造基地，藉此降低生產成本，強化出口至歐美日市場的競爭力，常忽略甚至無視當地的內需市場。但近年來，東南亞國家經濟勃興，內需市場重要性與日俱增，台灣企業不應再輕視這些近鄰，當投入更多人力、資源，研究、蒐集東南亞國家法規與資訊，擬定進軍其內需市場的策略。

拜資通訊科技長足發展之賜，諸多後進國家得以克服基礎建設不足的缺陷，大力發展經濟，非洲、南美洲經濟發展之迅速，亦不讓東南亞國家專美於前。這些新市場的影響力扶搖直上，鐵定將改寫全球經濟樣貌，孕育出諸多新的消費需求。

除了經濟板塊位移，大至時代、產業潮流的轉移，主要國家推出新政策，小至個人消費習慣的改變，都可能延伸出新的需求，創造出新的市場。

新科技促進產業發展

數個世紀以來，新科技一直是促進產業發展的最大驅動力；新科技的誕生與廣泛應用，或可優化產品、服務品質，或

可帶動產業結構革命。例如，在20世紀90年代後，資通訊科技便不斷推陳出新，隨著聯網應用、智慧應用日益普及化，與智慧型手持裝置快速崛起，諸多新興消費模式相繼湧現，並蓬勃發展。

其中，智慧型手持裝置問世，加上硬體、軟體廠商競爭日趨白熱化，促使其滲透率大增，並劇烈改變人類的生活型態。現今的青年世代，因常利用平板電腦、手機等智慧型手持裝置，完成數位消費、娛樂，故被稱為「滑世代」。

資策會推估，在2015年，與「滑世代」相關的產值約達1千億元；其中應用程式（APP）與線上購物，產值各約300億元、600億元，而在可見的未來，數字仍將續攀新高。「滑世代」進行數位消費、娛樂，其過程約可歸納為「S.I.M.P.L.E.」6字。

S指「滑世代」經常使用社群媒體（social media），I指其習慣藉數位內容介面彼此互動（interactive），M指其動輒同時開啟電腦、電視、手機，眼球流轉於多重螢幕（multi-screen）之間。

P指數位消費、娛樂的個人化（personal）應用愈來愈多，每個智慧型手持裝置使用者偏愛的應用程式不盡相同，接收的資訊亦人人有異。L指智慧型手持裝置內建「打卡」功能，可為使用者留下消費足跡，亦將鼓動新的消費需求。

E指社群網站的熱門議題，多與電影、電視劇、運動賽事等娛樂（entertainment）產業有關；娛樂產業業者若能參照社群網站的建議，從批評中汲取教訓，對精進內容、開發周邊產品，助益宏大。

在台灣，新科技刺激新需求，多集中於2個面向。第1個面向為，新科技帶動新需求，重構產業的商業模式；第2個面向則是，國內科技大廠為打造本土供應鏈，所衍生出的新需求。

新科技得以帶動新需求，在於科技創新、進步，或孕育出新產業，激發新的消費需求與新的製程設備需求，或因新技術與新材料面世，新產品全面取代舊產品，改變了消費者的產品需求，或有全新、跨產業的應用，讓新的需求順勢而生。

環保、健康意識抬頭

新產業推動新的消費需求與新的製程需求，企業若能審時度勢，及時轉型、升級，便可分潤新的商機。好比產製自動化乾燥設備的科嶠工業，原本以印刷電路板、觸控式面板產業業者為主力客群；當智慧型手機產業橫空出世後，亟需適合其製程的自動化乾燥設備，其針對Apple需求，量身打造新機台，不僅成功打進Apple供應鏈，更讓企業轉危為安。

　　大通電子亦是箇中典範，其主力產品原為電視周邊產品，但在智慧型手持裝置、串流影音服務興起，電視不再是最吸睛的電子產品；於是，其決定跨入生產可與智慧型手持裝置相聯結的行車記錄器，化危機為轉機、契機。

　　新技術與新材料面世，通常可降低生產成本、提昇生產效率，應用層面亦將更寬廣，進而研發出更具市場競爭力的新產品，加速消費者改變產品需求。此時，企業不當故步自封、裹足不前，或沉溺於緬懷昔日榮光，而應思考如何應用新技術、新材料，開展出新的道路。

　　另一方面，隨著環保、健康意識抬頭，消費者選擇商品的標準、優先順序，亦以環保、健康為圭臬。從紡織產品所受的影響，便可一葉知秋；昔日，消費者挑選紡織產品，首重是否保暖、舒適、符合時尚潮流，但在今日，採用天然材質、除臭抑菌與否，反而是諸多消費者關注的重點。紡織業者唯有開發新技術、新材料，才不至於淪為新潮流的亡魂。

跨產業新應用富商機

　　值得一提的是，新技術、新材料常得搭配新的營運模式，才能發揮最大效益。企業在採用新技術、新材料時，亦應思索調整營運模式，進行實質而非口號上的轉型、升級，不然效益

將大打折扣，甚至毫無效益。

　　新技術、新材料為新需求之母，現有技術、材料的新應用，亦是新需求的另一源頭。最常見的新應用，為跨產業的新應用，其突破了產業間傳統的界線，企業不得不求新求變以求存，並尋覓茁壯的機會。

　　原本從事鋁建材產銷的啟祥輕金屬，便藉此躲過了建材市場逐年萎縮的困局。鋁因具備質量輕、強度高、易成形、易加工等多重優點，應用範圍已逐漸從鋁門窗，擴及家具、電腦、飛機、自行車、3C產品與綠建築；啟祥輕金屬轉型過程，雖備受同業冷嘲熱諷，但勇於挑戰新需求更嚴謹的品質要求，卻使企業體質更為強健。

　　新價值觀催生新消費需求的力道，有時不下於新市場、新科技。再以綠色、環保意識為例，進入21世紀後，愈來愈多消費者力行綠色消費，其對全球經濟影響既重大且深遠。

本土供應鏈激勵轉型

　　綠色消費有3重涵義：首先，其倡導人們在選擇商品時，應優先選擇未受汙染、有益健康的綠色產品；其次，在消費過程中，注重廢棄物處置的方式，應儘量避免汙染環境。最後，應引導人們改變消費習慣，從追求物慾、享受，轉為崇尚自

然、追求健康，既朝生活舒適、愉悅的目標前進，同時又注重環保、節約資源與能源，實現可持續的消費。

2013年4月，尼爾森公司（The Nielsen Company）公佈全球社會意識消費者報告，根據其調查，約有66%的消費者認為，企業理應保護環境，且願意付出較高昂的代價，從事綠色消費。綠色、環保價值觀蔚為風潮，已改變眾多消費者的消費選擇，迫使企業投入綠色商品研發、生產，否則容易遭到抵制。

國內科技大廠打造本土供應鏈，更是諸多零組件廠商轉型、升級的關鍵因素。在台灣諸產業中，半導體產業堪稱舉足輕重，年產值超過2兆元，為台灣經濟的重要基石；只是，以往半導體產業經營績效卓越超群，但其製程所需的關鍵設備、零組件，卻仰賴國際大廠供輸，等同生命線握於他人之手。

為了壓低製造成本、拉抬生產效率，半導體產業遂全力落實製程設備、零組件供應在地化。其中，又以半導體產業龍頭台積電，動作最為迅猛，目標為50%的製程設備、零組件，轉由台灣廠商供應；諸多廠商為躋身台積電的協力廠商，無不奮力嘗試轉型、升級。

產業成熟逼企業轉型

　　原是塑膠外殼CNC加工小工廠的家登精密，拚命提升產品品質，以符合台積電的要求；不僅如願成為台積電供應鏈的一員，更已晉升為上市櫃公司。它若不善加把握此一良機，當代工廠大量外移，只能與其他競爭對手搶奪數量一年不如一年的訂單，坐視企業年復一年地萎縮、凋零。

　　除此，還有若干企業轉型、升級的原因，實迫於其所屬產業，已進入成熟期；唯有開拓更高階的市場，或廣泛進行異業結合，以創造新的需求，方可另闢蹊徑、悠遊藍海。例如，嬰幼兒托育產業、餐飲產業早已是紅海市場，大多數從業者皆深受薄利化之苦，北澤國際集團、河邊餐飲集團卻能異軍突起，躍居產業的指標企業。

　　由坐月子中心（產後護理中心）起家的北澤國際，靠著設身處地、將心比心思考家長的需求與憂慮，打造讓家長安心的環境，不僅護嬰比低於法律規定與業界平均值，嬰兒的家長、親友可透過網路，從遠端監看照護情形。因為照顧過程公開、透明，北澤國際得以大幅擴張事業版圖，躍居新竹縣市嬰幼兒托育產業的霸主。

夕陽產業可旭日再生

勤億蛋品科技為台灣第 1 家專事販售液蛋的企業，現已是台灣產能最大、服務範圍最廣的蛋品公司；從前端的蛋雞飼養，至中段的蛋品加工製造，一直到末端的成品物流配送，其皆可獨力完成，堪稱蛋品的一條龍王國。

當蛋品市場進入戰國時代後，為了突破經營困境，勤億蛋品科技從本業向周遭進行延伸，向上延伸至蛋雞飼養，向下則致力拓展面膜、雞油、滴雞精、保健食品等相關產品。除了雞毛、雞屁股，勤億蛋品科技已將雞、蛋的經濟價值，發揮得淋漓盡致，連昔日僅能充當堆肥的蛋殼，亦再製成蛋殼鈣粉。

在可見的未來，勤億蛋品科技除致力開發零膽固醇的液蛋，將液蛋從業務市場推廣至消費市場，進入一般家庭的廚房，更將進軍飲食習慣與台灣相近，卻無本土養雞產業的香港、澳門、新加坡市場。

2 | 勇於跳出建材市場紅海
啟翔輕金屬成鋁業典範

　　「溫水煮青蛙」一辭，常用來形容人們身處危機卻不自知，或不願因應，最終被危機所吞噬。傳言道，把一隻青蛙放進裝著溫水的容器，青蛙會在溫水中快樂地悠游，若將容器逐漸加溫，雖然水溫不斷緩步上升，但因青蛙毫無戒心，最後便葬身在沸水中。

　　與「溫水煮青蛙」並駕齊驅的批評，當屬「鴕鳥心態」。據說，鴕鳥雖體型巨大，但頭部卻很小，不知如何變通，遭遇危險時，立即將頭伸進草堆、沙堆中，以為眼不見為淨，就可化險為夷；結果，鴕鳥總死於非命。「鴕鳥心態」引申為，人們對危險視而不見、充耳不聞。

中小企業應學習游擊戰

　　事實上，科學家為青蛙、鴕鳥抱冤。因為，當容器水溫愈來愈高，超過青蛙可忍受的上限時，青蛙立即跳出容器，絕不猶豫；鴕鳥遭遇危險時，將拔腿狂奔，時速最快可達約70公

里，危險避無可避時，亦將奮力抵抗，而非束手就擒，甚至可力搏雄獅。

身陷危機、險境，卻死守困境、抱持「鴕鳥心態」者，皆是人類的常態反應。市場如戰場，企業若一味因循苟且、墨守成規，不肯因時制宜、改弦易轍，終將「一條路走到黑」，從康莊大道踏進羊腸小徑，最後從懸崖墜落；面對商戰，資源不豐的中小企業，更要學習游擊戰，才能避免彈盡援絕，並可以小搏大，不斷成長、茁壯。

近年來，台灣建材市場早已是又熱、又擠的紅海市場，卻有約70%的鋁業業者無法如啟翔輕金屬般轉型，到建材市場以外另闢戰場，只能坐視建材市場逐年萎縮，業績一年不如一年。但多半業者除了枯坐期待建材市場重現榮景外，並無積極作為。

啟翔輕金屬成立於2005年，但其創辦人、董事長陳百欽，從事鋁業的年資已超過30年。1984年，陳百欽創辦協信鋁材，主業為經銷各類鋁製品；1993年，他又創辦凱鉅鋁業，專營鋁製品表面處理。而在2009年，協信鋁材併入啟翔輕金屬，開啟鋁製產業上下游垂直整合的新契機。

聯考落榜生終圓創業夢

僅有高中學歷的陳百欽，創業過程堪稱傳奇。自幼便立志當老闆的他，在高中畢業後，大學聯考分數雖是全校第2高，亦超過若干學校科系的錄取標準，理應可考取大學；無奈，礙於當年的規定，主科0分者不得分發，英文科0分的他竟名落孫山、無校可讀，回到學校拿成績單，還被老師指著鼻子痛罵。

由於家族繁浩、家境不佳，陳百欽無法補習、重考，被迫先服兵役，再踏入職場。退伍後，他隨即結婚、生子，家計相當沉重；但尚無一技之長的他，既不願跟著當土木師傅的哥哥工作，也不肯就任親戚介紹的優渥職缺，四處覓職後，進入一家小型鋁業公司任職。

這家小型鋁業公司，在他到職後，共有5名員工；但不久後卻相繼離職，僅剩陳百欽與一名女員工。於是，他扛起公司大大小小事務，業績反而逆勢成長逾2倍。數年後，老闆被朋友倒帳，決定將公司頂讓給陳百欽，圓了他的創業夢。

「老闆將公司頂讓給我時，我已是2個小孩的爸爸，第3個小孩即將出世，內心頗為掙扎，還勸老闆幫我加薪即可。」陳百欽回憶，當時他返家與父親商議，父親並不贊成，要他認分當個上班族；後來，老闆親自前往陳家說項，陳百欽的父親、

太太才同意他創業。

歷經2次金融海嘯洗牌

創立協信鋁材之初，陳百欽阮囊羞澀，連進貨的款項都拿不出，只得與熟絡的客戶商議，可否先付款、後取貨。由於陳百欽工作能力、態度，普受客戶肯定，在短短90分鐘內，便收得約500萬元貨款，成功跨出創業的第一步。

1997年亞洲金融風暴、2008年全球金融海嘯，為陳百欽創業歷程的2大關卡；他觀察，能挺過2次金融危機的台灣中小企業，體質皆相對健全。對中小企業而言，危機常蘊含著轉機，金融風暴、金融海嘯造成產業大洗牌，淘汰體質較差的企業，反而是替體質健全的企業清理戰場，有利其從挫敗中站起。

他豪氣地說，協信鋁材成立後，一路跌跌撞撞、屢仆屢起，亦曾遭同業抵制，幸而遭遇危機時，皆獲貴人相助，得以次次脫災解厄。創辦凱鉅鋁業，目的為從鋁製品經銷，向前跨進鋁製品製造；創辦啟翔輕金屬，初期除了生產鋁門窗，之後更不斷擴充設備、產能，整合鋁業中、下游，完成陳百欽鋁業產銷一條龍的目標。

舉凡鋁的鎔鑄、擠錠擠型、表面處理，到型材加工組裝、

板材加工、擠壓成型、加工組立，啟翔輕金屬皆可獨立完成；其產品銷售一貫化、品項多元化，可滿足大多數客戶的需求。

建材市場衰退拖累鋁業

一提到鋁製品，多數人立即聯想鋁門窗，但也只想起鋁門窗。實際上，鋁因具備質量輕、強度高、易成形、易加工等優點，應用範圍甚廣，除了鋁門窗，亦大量應用於家具、電腦、飛機、自行車與綠建築。

以電腦周邊產品為例，硬碟機殼、隨身碟外殼、輕型電腦機殼主要材質皆是鋁；鋁製品因為材質輕，可隔熱、降低風阻，較易形塑造型，亦是標榜環保的綠建築不可或缺的建材。

鋁應用層面雖日益廣泛，但卻有約70%鋁業業者，仍以鋁門窗為主要產品，以建材市場為主要市場，僅有約30%鋁業業者，主攻製造業市場。然而，隨著房地產產業走下坡，建材市場亦榮景不再，加上台灣鋁門窗幾乎無法外銷，且中國、東南亞國家廉價鋁製品大舉傾銷來台；專營建材市場的鋁業業者，面臨獲利每下愈況的窘境。

同樣面對窘境，當諸多同業樂觀地相信建材市場春燕即將重臨，陳百欽卻研判，建材市場恐將進入冰河時期，加上無法掌握鋁門窗價格主導權，遂下定決心將啟翔輕金屬的主戰場，

從建材市場轉至製造業市場。若干同業則轉戰中國，他則選擇固守台灣，日後發展證明他的選擇是正確的。

轉型備受同業冷潮熱諷

然而，轉攻製造業市場，雖然獲利較豐厚，但製造業對鋁製品品質之要求，遠高於營建業，是為啟翔輕金屬轉型的關卡。但啟翔輕金屬順利突破關卡，關鍵即在於已垂直整合產業技術，不僅可大幅節約包裝、運輸、倉儲成本約10%的費用，還能提升產品良率、精密度；經過數年努力後，終普獲製造業業者肯定。當下，即使建材市場寒風冷冽，啟翔輕金屬受影響亦微乎其微，獲利、企業規模皆持續成長。

「完成產銷一條龍的鋁業業者，中國已有數家，啟翔輕金屬卻堪稱台灣唯一。」陳百欽自豪地說，啟翔輕金屬先拓展帷幕牆市場，迄今市佔率已高達約60%，仍稱冠全台，帷幕牆堪稱高級建材，其利潤、精密度，皆遠勝於鋁門窗；之後更陸續揮軍家具產業、LED產業、太陽能產業、風力發電產業、電子與電機產業，成果斐然。

當啟翔輕金屬另起爐灶時，不時遭受同業冷嘲熱諷；前2、3年，只要有製造業願意下訂單，啟翔輕金屬便配合開模，即使是小批量的訂單，也從不回拒，採共同研發模式合

作；縱使每年皆嚴重虧損，陳百欽亦毫不動搖。2008年，全
球金融海嘯來襲，陳百欽呼籲製造業客戶共體時艱，轉單至啟
翔輕金屬；此舉不僅讓啟翔輕金屬安度危機，2009年營業額
更成長30%。

　　撐過轉型的陣痛期，啟翔輕金屬業績扶搖直上，原本唱衰
的同業，紛紛前來取經。但有意師法啟翔輕金屬的同業，卻無
一轉型成功；失敗原因不一而足，有些是不願添購新設備，有
些是產品品質停滯不前，有些營運方式抱殘守缺，不懂得數據
化管理，連報表都不知如何填寫，無力承接製造業的訂單。

客源多元且不煩惱訂單

　　目前，在啟翔輕金屬整體營收，鋁門窗所佔約10%，帷幕
牆亦佔約10%，其他則為各種製造業，客源相當多元；其雖以
台灣客戶為主，但間接外銷的比例已近70%。當其他專營建材
市場的鋁業同業，特別是中、南部縣市業者，一周僅能「作三
休四」，啟翔輕金屬卻連假日都得開工，營收年成長率仍超過
10%。

　　「現在，啟翔輕金屬不煩惱訂單從何而來，因為愈來愈多
客戶慕名而來。」陳百欽強調，啟翔輕金屬現已非來者不拒，
僅承接優質客戶、專業人士的訂單，以維持高服務品質；而為

了精益求精，平均每3到4年，便推出一種新產品，希望可找到新的成長動能。

「沒有夕陽產業，只有夕陽產品，唯有產品不斷創新，企業才不會被時代潮流刷下。」陳百欽透露，在可見的未來，啟翔輕金屬除了仍將推出新產品，致力提升間接外銷的比例，更將前往緬甸建廠，直接跨足國際市場。

近年來，啟翔輕金屬約有15%的產品，間接外銷至東南亞國家。而東南亞國家經濟蓄勢待發，建材市場更蓬勃發展，在陳百欽眼中，剛步入民主化的緬甸，雖然基礎建設較為落後，但民眾對台灣頗為友善，且其並無鋁擠型廠，更提供外資免關稅優惠，可扮演進軍東南亞國家建材市場的基地。

前進緬甸設廠進軍國際

緬甸位於印度次大陸、中南半島交界，根據陳百欽的規劃，啟翔輕金屬緬甸廠因有地利之便，將專事開發南亞、東南亞國家市場，而台灣廠則專營台灣、日本、美洲、歐洲市場，期許可晉升為國際級企業。

「企業想成功轉型，不能僅靠企業主一個人，更要靠幹部群策群力。」陳百欽強調，轉型過程得面對種種困難、險阻，但若干幹部只願同甘、不願共苦，企業主應動之以情、說之以

理、恩威並施，讓幹部認同轉型的理念、作為，並藉大大小小的講座、會議，讓員工、客戶都接納轉型，「否則，轉型必定失敗！」

陳百欽為尋求轉型，深知學海無涯、精益求精的道理，近年陸續就讀經營管理碩士學程，研讀企業經營之道，也結識跨領域的專家、人才，創造異業結盟策略合作的機會，持續投入創新研究，以求永續發展。

啟翔輕金屬小檔案：

創立：2005年
創辦人暨董事長：陳百欽
產業別：鋁業
地點：桃園市新屋區
員工數：約350人
海外據點：緬甸
轉型心法：提升產品精密度，切入高價建材市場、製造業市場，且不斷推出新產品，避免客源過於集中，並與客戶共同開發產品，縮短研發時程。

3 家登精密從家庭式工廠
竄起為半導體設備要角

　　昔日，30年風水輪流轉；今日，可能還不到3年，時代、產業潮流便不知已翻了幾番。一家企業縱使已躍居產業的領頭羊，甚至是壟斷市場的獨角獸，若耽溺於當下的榮光中，未能體察時代、產業潮流即將轉向，終將在舊潮落、新潮起之際，被時代巨輪輾過；反之，就算是資源寡少的中小企業，只要緊抓時代、產業潮流的羽翼，也能麻雀變鳳凰。

　　創辦於1998年的家登精密，初期主力業務為塑膠外殼CNC（computer numerical control，電腦數值控制）加工。雖然，家登精密甫成立，便因模具產業已不復昔日輝煌，營運淒惶慘澹、岌岌可危；但其掌握台積電致力構建本土供應鏈的契機，順勢切入半導體產業，終於轉危為安，並從家庭式小工廠，一路茁壯為上櫃企業。

貧家子弟翻身楷模

　　家登精密創辦人、董事長邱銘乾奮鬥與創業的歷程，堪稱

貧家子弟翻身、發家的楷模。在15歲時，從事礦工的父親，便死於海山煤礦礦災；由於家中頓失經濟支柱，他只能選讀海山高工模具科，以期快速就業，分攤寡母的重擔。

高工畢業後，邱銘乾應徵進鴻海精密，擔任技術員，17歲時，他立下未來要當模具廠廠長的志願；但他相信，若想出人頭地，一定得再深造。頂著寡母強烈反對的壓力，他考入南亞工專（現已改制為桃園創新技術學院）機械科；在退伍後，他前往鑫銓工業任職，學習操作CNC工具機。

為了深入認識CNC工具機的特性，邱銘乾天天苦讀英文操作手冊；幾個月後，他便為公司帶進數家大廠的訂單，薪資也隨之水漲船高。之後，他跳槽至另一家模具廠亞日，亦開始編織創業的夢想；事必躬親的亞日老闆英年驟逝，亦促使他創立家登精密。

邱銘乾將企業取名為家登精密，具雙重涵義。其一，家登英文發音為「Gedeng」，發音接近閩南語中的「久長」，期許企業可永續經營、久久長長；其二，「家」字原意為在屋簷下養豬，引申為若員工只要認真、努力，就可豐衣足食，擁有自己的舞台，「登」則寄望企業每位成員，都可如魔豆故事的主角傑克般，勇於迎向挑戰、步步登高。

躋身台積電供應鏈

不料，家登精密成立之際，由於台灣代工廠大舉外移，根本無力跟隨其腳步，前往海外拓點；只能與其他小型模具廠，搶食日益萎縮的訂單。約3個月後，家登精密資金便已告罄，為了苦撐待變，邱銘乾只能忍痛抵押父親留下來的房子；為此，他屢遭母親責罵不肖。

轉機很快就到來，台積電因半導體製程設備價格長年受制於先進國家廠商，無法進一步壓低製造成本，決定在台灣籌組本土供應鏈。家登精密把握機會，不斷突破技術瓶頸，終於在2001年通過台積電認證，成為台積電首家黃光微影製程零組件（Reticle SMIF pod）台灣供應商。

黃光微影製程零組件如光罩傳送盒，與一般3C產品塑膠外殼相較，同樣應用模具加工機產製，產製技術亦相去不遠。但不同的是，半導體廠商如台積電，對零組件品質、精密度要求，遠高於一般3C廠商，家登精密仍得提升技術層次，方有機會躋身台積電供應鏈之列。

而且，高科技產業客戶如台積電，不僅以高標準檢視協力廠商產品品質，對其製造流程亦規範謹嚴。畢竟，倘若製造流程遭受絲毫污染，即使是微不足道的塵埃，都可讓半導體零組件無法運作。

光罩傳載技術王者

　　為了從已沒落的模具產業，轉進仍蓬勃發展的半導體產業，邱銘乾幾乎傾家登精密所有資源，投入黃光微影製程零組件研發。他深知，此役攸關家登精密的存亡、榮枯，「成則周武三千，敗則田橫五百」，但若死守模具產業，亦難以盼到活路；因此，縱使研發過程備極繁瑣、煎熬，但邱銘乾仍全力以赴，終於在幾近彈盡援絕之際，突破所有瓶頸、關卡。

　　打入台積電供應鏈後，家登精密業績、規模皆扶搖直上。此後，家登精密不斷拓展全球高科技產業客戶，客戶遍及LCD、LED、半導體、太陽能產業，並躍居高階光罩傳載技術領導者，且與半導體設備大廠、日商大福，共同研發半導體自動化製程設備，更成為台灣唯一參與制定18吋晶圓製程設備國際規格的廠商。

　　在18吋前開式晶圓傳送盒、18吋多功能應用晶圓傳送盒等產品，家登精密皆為全球第1家研發成功的廠商，更領先其他競爭者，打造18吋晶圓傳載解決方案產線。除此，家登精密更是全球唯二通過半導體大廠認證的極紫外光光罩傳送盒製造商之一。

　　在2011年，家登精密晉升為上櫃企業。邱銘乾強調，家登精密不僅是製造商，更以服務業業者自詡，可整合自家、協

力廠商的資源，為客戶提供整體解決方案。不過，就在此年，他發現半導體產業已進入成熟期，遂毅然跨足中國汽車市場，併購蘇州市吳江新創汽車貿易公司。

跨足中國汽車市場

邱銘乾感謝地說，在模具產業的多年歷練，因為時常得面對不同產業的客戶，如汽車、3C廠商等，得為客戶量身訂製開發模具，練就柔軟的身段，與隨機應變的能力，對家登精密切入半導體產業、跨足中國汽車產業，助益甚大。

「近年來，半導體產業雖看似繁榮，但除了台積電一枝獨秀，諸多業者皆已連年衰退，光景已大不如前。」邱銘乾解釋，半導體業兼併風氣日盛，加上已進入成熟期，家登精密若不進行多角化佈局，亦難逃薄利化、受大客戶制約的困境，而中國經濟崛起，汽車市場規模成長速度驚人，「中國汽車總數已超過1億台，每年新增數量亦頗為可觀，蘊含豐沛商機，相當值得挖掘。」

但在半導體產業，家登精密從未停止腳步，仍積極擴充產能。2012年，家登精密啟用南科廠，是為第二廠區；而在2016年，更啟用第三廠區，即樹谷廠。然而，半導體產業生態亦已發生質變，家登精密亦緊鑼密鼓進行另一次轉型。

　　然而，中國汽車市場亦是兵家必爭之地，若貿然搶進，恐將鎩羽而歸。經過幾番考察、評量，邱銘乾決定收購蘇州市吳江新創汽車貿易公司，先進軍公共汽車銷售領域，再徐步搶灘AM（after market，售後維修服務）領域，擴增汽車維修、翻新美容、廢舊車拆解、二手車收購買賣等業務。

培育另一隻金雞母

　　選擇收購吳江新創，不僅因為長江三角洲既是中國消費力最高的地區，亦是汽車產業重鎮；台灣汽車產業西進設廠，亦多半集中於此。只是，家登精密此筆轉投資，不僅飽受股東批評，吳江新創幹部更集體請辭，過程起伏跌宕，並不平順。

　　「家登精密剛入主吳江新創，中、高階經理人便一個接一個離開，跳槽至對手企業上班，幾乎無人留任；對手企業甚至資遣許多幹部，以挪出職缺，相當戲劇化。」邱銘乾苦笑地說，這僅是諸多挑戰的開端，之後遭遇的難題不勝枚舉，「但3個月後，家登精密派駐的幹部，便消弭大多數難題，並開始獲利，迄今未曾虧損！」

　　在家登精密數項轉投資中，最具前景者，當屬吳江新創。邱銘乾透露，在未來3到5年內，將繼續深耕中國汽車市場，希望吳江新創可成為家登精密獲利的另一隻金雞母。

「中小企業轉型，不該自我設限，應嘗試挑戰最困難但最富商機的產業；只要能突破障礙，就可脫胎換骨。」邱銘乾以家登精密轉進半導體業為例，認為中小企業只要鑽研、精進技術，亦可能成為產業不可或缺、無可取代的關鍵企業！

家登精密小檔案：

創立：1998年

創辦人暨董事長：邱銘乾

產業別：半導體、汽車

地點：新北市土城區

海外據點：中國

轉型心法：掌握台積電致力構建本土供應鏈的契機，傾全力投入研發，突破技術障礙。

4 | 近半世紀不斷轉型
大通電子持盈保泰

在古代，多以碗、碟等器皿為燈具，並在燈具注入動物、植物油脂，再點燃浸泡於油脂中的燈芯；當燈芯被點燃後，燈具下方距離光源雖近，反倒是一片漆黑，稱為「燈下黑」。後來，「燈下黑」被擴大解釋為，人們對近在咫尺的事物，通常未能察覺。

時代、產業潮流翻轉速度愈來愈快，幾乎所有企業都面臨轉型與否的抉擇；但諸多企業未轉型，有時並非不願轉型，而是上窮碧落下黃泉，搜尋不到有把握、又具前景的產品與服務，被迫繼續坐困愁城。其實，這些企業看盡了燈具的前後左右，卻可能壓根忘了看燈下，不知寶藏正藏在「燈下黑」處。

曾是全球電視周邊產品霸主

創立於1968年的大通電子，曾是全球電視天線、強波器的最大供應商，之後轉型生產電視系統終端處理相關設備，亦長期佔據台灣數位電視接收機銷售首位。當數位電視接收機已

過高峰期，其再度啟動轉型計畫，切入行車記錄器市場，目前已躍居高階行車記錄器的領導者。

雖進軍行車記錄器產業不久，大通電子卻能後發先至，關鍵便在於，其他行車記錄器廠商的產品，多半影音品質不佳，常為使用者詬病，卻遲遲未見改善。然而，行車記錄器業者與若干想轉進行車記錄器產業的業者，或未發現此藏在「燈下黑」的商機，或力有未逮；影音技術卓越超群的大通電子，決定從優化影音品質著手，遂能成功搶佔高階行車記錄器市場霸主寶座。

大通電子成立之初，正值彩色CRT（cathode ray tube，陰極射線管）電視機取代黑白CRT電視機、躍居電視機主流商品之際，其選擇專攻電視天線、強波器等電視機周邊產品。隨著產能、市佔率不斷擴增，到了1982年時，大通電子已是此2項產品的全球霸主。

在20世紀80、90年代，原本由地方小型企業經營的有線電視頻道，先後為大型財團收購、整併；為了鞏固舊雨、吸納新知，有線電視業者爭相採購相關設備，激勵大通電子業績直線成長。

商業模式由B2B轉為B2C

不過,自1999年以降的4年,因有線電視成長趨緩,導致大通電子出貨量節節下滑,遭遇創建以來最艱辛的低潮期。到了2002年時,由於較不易遭干擾的數位電視迅速崛起,超越、取代類比電視已指日可待,大通電子於是轉型生產液晶(liquid-crystal display,LCD)電視的電視盒、數位天線,亦迅速攀爬至市佔率冠軍寶座,更成功將產品外銷至日本。

在以CRT電視天線、強波器為主力產品時,大通電子的RF(radio frequency,無線通訊)技術便已領先群雄;其將無線通訊技術進行水平延伸,順利轉型生產電視盒、數位天線,更推出台灣唯一以外接為主的數位視訊電視盒,與螢幕連結後,可直接在電視機上收看,並成功研發高畫質數位電視接收機、子母畫面電視盒等新產品。

然而,電視天線、強波器等電視周邊產品的主要客戶為企業,但電視盒卻是消費性電子產品;轉戰終端消費市場,商業模式由B2B(business to business)轉為B2C(business to consumer),且從電視機產業上游轉戰下游,成為大通電子轉型必得克服的巨大障礙。

原本,大通電子產品主要通路為電器材、電料行,頂多面對數十個客戶;轉型後則進軍量販店、3C賣場,在開放式櫃

台上，卻得直接面對數十萬個客戶。為了立足終端消費市場，大通電子挹注可觀的資源，打造品牌、行銷商品，以建立消費者的信任度。

藉王建民熱潮打響品牌

2003年，大通電子以自有品牌PX，切入B2C市場，並藉由贊助棒球運動，期可迅速擴大品牌知名度。2004年，大通電子先後成為中華職棒、雅典奧運台灣棒球代表隊的贊助商；而在2005年之後，其贊助王建民大聯盟賽事運動轉播，隨著王建民掀起台灣棒球新熱潮，知名度也跟著水漲船高。

從2003年到2012年，堪稱電視盒、數位天線的黃金時期。迄今，大通電子生產的數位天線，在美國、歐洲市場，市佔率仍達30%，在台灣則高達80%；而其電視盒，亦長年穩居台灣銷售龍頭。

隨著台灣液晶電視、電漿電視滲透率日高，雖使大通電子電視機電視盒業績蒸蒸日上，卻也再度面臨產品成熟化、薄利化的困境。但電視盒後來居上的經驗，讓大通電子體悟到，率先推出新款產品的企業，不一定就可成為最後的贏家；若能深入瞭解消費者的真正需求，研發出品質更佳的產品，就極可能逆轉勝。

晚近，由於人們花在網路、電子遊戲的時間愈來愈多，看電視的時間已逐漸萎縮，迫使大通電子必須再度轉型。從2013年起，其致力研發「智慧影音整合」相關產品，且將觸腳延伸至電視產業以外的領域，行車紀錄器則是眾多新產品之一。

為求生存已經轉型5次

隨著電視機產業典範轉移，為了求生存、求發展，大通電子迄今已約轉型5次。「目前，大通電子尚在轉型中，和轉型成功還有段距離。」大通電子執行長王英隆謙稱，不斷轉型實為企業的宿命，大企業尚得如此，中、小企業更無法迴避轉型；當企業主力產品從最巔峰滑落，重返榮景的機率微乎其微，企業唯有找尋新的出路，才能覓得新的生機。

王英隆回憶，大通電子選擇行車記錄器市場，起因為一位員工抱怨，他接連買了3台行車記錄器，才買到錄影效果清晰的產品，讓他瞥見可乘之機；經過嚴謹的調查，發現即使是知名品牌的產品，品質亦參差不齊，值得放手一搏。

進軍早已是紅海市場的行車記錄器市場，大通電子的劣勢在於，必須從後追趕眾多競爭對手；優勢則是，其影音技術卓越超群，可快速將技術移植至行車記錄器上。為了異軍突起，

王英隆決定另闢蹊徑，讓行車記錄器不再只是單純的行車記錄器，也可當運動攝影機，讓消費者深感物超所值。

隨著記憶卡體積日益縮小，行車紀錄器亦愈來愈袖珍，攜帶、裝拆相當簡易。大通電子的行車記錄器，應用範圍涵括行車錄影與運動、休閒錄影，不僅可一機多用，還能透過Wi-Fi分享，與智慧手持裝置相互聯結，便於儲存檔案、上傳至社群網站，實現「智慧影音整合」的目標。

轉型應先凝聚員工共識

「在單價超過5千元的高階行車紀錄器，大通電子市佔率已達60%。其市場規模不大，只要肯創新，就可獨佔鰲頭。」王英隆分析，單價超過5千元的產品，堪稱行車紀錄器中的高價品，但在運動攝影機市場，卻相當低廉，頗具吸引力。

跨足行車紀錄器，大通電子除了將影音、通訊技術進行垂直延伸，並採取與昔日截然不同的行銷策略，以建立競爭利基。大通電子特別將行銷資源傾注於通路巨擘燦坤3C，耗費比其他產品更多的時間、資源，向燦坤3C人員詳盡介紹自家行車紀錄器的特點，並讓他們戴起配置行車紀錄器的安全帽，成功創造話題，吸引消費者的注意。

除了強化實體通路宣傳，大通電子亦緊跟時代潮流，開始

著墨數位行銷，廣邀網路知名部落客撰寫行車記錄器「開箱文」，張貼在網路各大論壇，以增加曝光率。

「企業轉型最困難的是凝聚全體公司的共識。大通電子轉型過程中，同仁意見亦常與我相左，必須持續溝通、協調，直到達成共識。」王英隆堅定地說，在達成共識後，就得不斷嘗試、奮力前進，倘若遭遇困難，應集思廣益、想方設法解決，而非放棄轉型。

王英隆更強調，企業轉型不能僅靠企業主、高階經理人孤軍奮戰，唯有整體作戰，才有成功的機率，倘若有部門置身事外，幾乎註定失敗，重大障礙不應由單一部門承擔，「以大通電子為例，若新產品行銷不佳，常非行銷部門可獨力解決，將特別成立專案小組，結合各部門的力量，以求找出問題癥結點，並傾全力克服！」

大通電子小檔案：

創立：1968年

創辦人暨董事長：王鄭晰

執行長：王英隆

產業別：電視周邊產品、行車紀錄器

地點：彰化縣花壇鄉

轉型心法：將技術進行水平延伸，並轉攻終端消費性電子市場，且將技術進行垂直延伸，並改變產品定位，亦可充當運動攝影機，以多管道的行銷方式，增加產品曝光度，並啟動數位行銷，以期製造話題。

5 | 無畏少子化浪潮衝擊
北澤國際建嬰幼王國

　　近年來，台灣政府是否應讓Uber合法化，正反意見兩極，爭議仍迄今未休。

　　多數企業家在創業與推動企業轉型時，最大的迷思之一，在於常以產業龍頭為典範；但縱使依樣畫葫蘆，卻常淪為邯鄲學步、畫虎類犬，永遠追趕不上龍頭企業的腳步。Uber異軍突起的關鍵，並非師法計程車產業龍頭，而直接從搭車者的需求著手，並以科技創造突圍之道，就此一飛沖天，成為傳統計程車企業的勁敵。

將心比心思考客戶需求

　　由坐月子中心（產後護理中心）起家的北澤國際集團，在創業之初，並未參照任何一家坐月子中心，而是設身處地、將心比心思考家長的需求與憂慮，致力打造讓家長安心的環境，不僅護嬰比低於法律規定與業界平均值，家長、親友更可透過網路，從遠端監看照顧情形。

　　因為照顧過程公開、透明，北澤國際迅速獲得新手父母的信任，得以大幅擴張事業版圖。如今，北澤國際集團擁有坐月子中心、托嬰中心、幼兒園、安親班（課後照顧服務中心）、語文短期補習班，並進軍嬰兒副食品、親子餐廳、外帶廚房，建立「一條龍」服務體系，已躍居新竹縣市嬰幼兒托育產業的霸主，反倒讓競爭對手爭相學習、仿效。

　　目前，北澤國際集團分為婦嬰事業部、幼教事業部、小學事業部、商品事業部、餐飲事業部與公益事業部等部門。婦嬰事業部提供產前檢查、諮詢與產婦坐月子等服務；幼教事業部專攻0到6歲的嬰兒、幼兒托育照護；小學事業部主力業務為6到12歲孩童的教育照顧；商品事業部販售各式孕婦、產婦與嬰幼兒服飾用品；餐飲事業部專為忙碌的現代家庭準備方便又健康美味，適合全家人一起食用的少油少鹽健康外帶餐點，是餐飲事業部的主力產品，此外，另有有機副食品，與孕婦養生養胎餐的提供服務。

　　成立於2005年的北澤國際，創辦人、董事長為新竹國泰醫院婦產科主任曾英智。在新竹縣市，因醫術精湛、服務親切，曾英智堪稱最受孕婦、產婦信任的婦產科醫師之一，接生量長年皆名列前茅；在眾多產婦與家屬的呼籲下，讓他決定另行創業。

新竹縣市生育率冠全台

　　創業的關鍵在於，新竹縣市外來人口頗眾，雙薪家庭只能將新生兒委託托嬰中心照顧，但許多新手爸媽的原生家庭都在外縣市，缺乏支援系統，他們又無法信任傳統的褓姆；因為在新手媽媽懷孕、生產的過程中，曾英智的醫術、醫德讓他們深感佩服與信任，於是央請曾英智成立托嬰中心，繼續提供服務。

　　在曾英智成立托嬰中心後，因為風評甚佳，沒多久，又有家長擔憂子女離開托嬰中心，找不到優質的幼兒園，不斷催促其再創辦幼兒園。於是，北澤國際「戰線」不斷延伸，現已茁壯為嬰幼兒、幼教、學生課後照護「一條龍」服務體系。

　　北澤國際始業後，首先在新竹縣竹北市成立佑康產後護理中心。當時，雖然高鐵尚未通車，但因高鐵新竹站設址於竹北市，竹北市未來發展備受期待，新建案如雨後春筍般湧現，人口亦快速成長；曾英智看診的孕婦、產婦，許多皆定居於竹北市，遂選擇於此創辦坐月子中心。

　　雖然少子化浪潮洶湧來襲，但拜新竹科學園區持續吸納外來人口，新竹縣市生育率仍維持高檔。曾英智指出，新竹科學園區員工多為青壯年，加上收入較豐，養兒育女的意願亦較高，生育3胎的家庭並不罕見，更不乏有4、5個小孩的家庭，

絲毫感受不到少子化浪潮的影響。

員工多畢業自相關科系

　　在21世紀初，竹北市仍是台北市人眼中的鄉下。佑康產後護理中心落成時，為竹北市第2家坐月子中心；北澤國際成立首家托嬰中心時，亦是竹北市第2家托嬰中心；當時，其托育60個嬰兒，規模稱冠全台。

　　在高鐵通車後，竹北市亦隨之高速發展，躍居台灣最亮眼的新興城市之一，消費水準直逼台北市；因此，北澤國際相關機構收費雖較高，但報名者依然絡繹不絕。目前，竹北市立案與未立案的坐月子中心、托嬰中心，皆已多達數十家。單是北澤國際，在竹北市雖已擁有諸多據點，但仍有拓點計畫，足見需求之殷切。

　　照顧2歲以下的嬰兒，除了餵食與把屎把尿，還得隨時提防其發生意外，相當勞心勞力。根據法令規定，托嬰中心照顧人員、嬰兒比，至少應為1比5；大多數立案的托嬰中心，皆依循最低標準，但北澤國際托嬰中心照顧人員、嬰兒比，卻是1比3，即平均1位照顧人員負責3位嬰兒，且照顧人員訓練精良，很快便蜚聲遠近、名聞遐邇。

　　目前，北澤國際約有300名員工，護理、幼保相關科系畢

業生，便超過250人，素質領先其他業者；且薪資、福利皆領先同業，人事流動率低於業界平均，經驗得以順利傳承。

可遠端監看、視訊對話

不僅照顧人員、嬰兒比較低，北澤國際還編制預備人力，以備不時之需；畢竟，照顧人員並非機器人，也可能生病、發生事故，或遭遇婚喪喜慶，或轉換職涯跑道。因此，北澤國際托嬰中心交接筆記相當詳實，讓家長可全面掌握子女身心狀況；許多照護人員更與家長結為好友，彼此相互信任，家長亦樂意提供建言。

北澤國際托嬰中心得以一枝獨秀，還有2個重要因素。首先，其環境乾淨、明亮，扭轉托嬰中心陰暗、不透明的刻板印象；再者，照顧過程公開、透明，家長、親友可藉由電腦與智慧型手機，便可從遠端監看子女狀況，且全天可視訊對話；倘若家長、親友發現任何不妥之處，亦可立即溝通、改進。

其實，只要將心比心，從家長立場來思考，便可知家長將子女交由非親非故者照顧，必定時時刻刻焦慮不安，遠端監看可讓他們安心工作，亦可敦促照護人員不敢有絲毫懈怠。

特別值得一書的是，大多數托嬰中心皆在冷氣房內育嬰，但北澤國際還安排戶外活動，並添購中型巴士，讓嬰兒也可接

觸大自然；在中型巴士的每一個座椅，都裝有安全座椅，此舉亦可協助家長提早克服子女坐安全座椅的關卡。

已與工研院合開托嬰中心

在闖出名號後，北澤國際反倒成為同業競相模仿的對象；對於同業業者觀摩、參訪，北澤國際幾乎來者不拒，更相信唯有開誠佈公，方可激勵產業同步向前。但北澤國際相信，同業業者或能添購相同的設備，卻學不走服務理念、精神；競爭對手進步，亦是激勵再奮力向前的原動力。

大多數企業在獲得初步成功後，無不積極提高產能，或大舉擴張據點；但北澤國際卻非如此，選擇持續向相關領域延伸，並進行產業鏈的垂直整合。如此選擇，可提供客戶多重服務，甚至可從坐月子中心、托嬰中心，一路服務到安親班、語文短期補習班，服務期限最長可長達12年；若一味增設坐月子中心、托嬰中心，很可能供過於求，最後自相殘殺。

因為「戰線」綿長，北澤國際奉行「持續的監督、即時的改進」原則，最注重的環節，莫過於維持服務品質，與即時處理問題、家長的建議；並提供員工優於競爭對手的薪資、福利，以降低其流動率、提昇其向心力，藉此強化品牌價值。

「昔日，家長選擇坐月子中心、托嬰中心、幼兒園，以距

離較近者為第一優先。但在今日，家長大多四處打聽、精挑細選，希望可找到品質最佳的業者。」曾英智強調，北澤國際客戶常非周遭社區住戶，代表嬰幼兒托育產業若不精進服務品質，恐怕連周遭住戶都寧可捨近求遠，縱使開設在都會精華區，也可能門可羅雀。

隨著知名度與日俱增，來自台灣其他縣市、中國的合作邀約，數量亦逐年提升。目前，北澤國際已與同位於新竹縣的工研院合作，為其開設附屬托嬰中心，供工研院員工學齡前子女就讀；至於其他合作邀約除有宏達電外，還遠赴中國大陸廣州市成立莉澤產後護理中心…等，有的則派遣專員進行輔導，但自認腳跟尚未站穩，擴張版圖一事，仍得縝密、長遠規劃。

北澤國際小檔案：

創立：2005年
創辦人暨董事長：曾英智
產業別：嬰幼兒托育
地點：新竹縣竹北市
轉型心法：建立品牌口碑，從客戶需求發想差異化服務。在獲得初步成功後，不盲目追求擴充據點，而選擇提升服務的廣度，延伸服務層面，逐步建立服務一條龍體系。

6 ｜ 勤億蛋品科技不畏挑戰
打造蛋品的一條龍王國

　　矽相關產業之產值，數以兆計。其實，矽廣泛蘊藏於岩石中；若不從中萃取矽，岩石的經濟價值甚低。假使擁有獨到的商業眼光，縱使是一塊不起眼的石頭，也可能被雕琢成和氏璧，其價值何止連城。

　　同樣是賣雞蛋，許多雜貨店賣了數十年，依然是雜貨店。勤億蛋品科技從賣蛋起家，現其蛋、雞相關產品一應俱全，不僅已躍居台灣龍頭食品品牌之一，更跨足生技產業，並積極規劃進軍香港、澳門、新加坡等市場，年營業額超過13億元。

台灣液蛋市場王者

　　創立於1981年的勤億蛋品科技，為台灣第1家專事販售液蛋（liquid egg，去殼後的鮮蛋，依用途不同，分為全蛋、蛋黃、蛋白液）的企業；現主力產品除了殺菌液蛋，還有鈣粉、雞油、洗選蛋、機能蛋、滴雞精，與保健食品等，已是台灣產能最大、服務範圍最廣的蛋品公司。

　　從前端的蛋雞飼養，至中段的蛋品加工製造，一直到末端的成品物流配送，勤億蛋品科技皆可獨力完成，堪稱蛋品的一條龍王國。當下，勤億蛋品科技擁有逾70輛物流車輛，配送範圍北至宜蘭縣，南至屏東縣，涵蓋北台灣、中台灣、南台灣各縣市；在液蛋市場，其市占率長年穩居第一，重要客戶包括團膳、糕餅業者、航空空廚、星級飯店、連鎖餐飲店，與大型食品廠等，總數量達4千多家。

　　勤億蛋品科技總公司與研發中心設於桃園市桃園區，但因台灣養雞場多位於彰化縣以南的縣市，故將生產工廠設於嘉義市，以利「在地生產、新鮮運送」，確保產品品質。創辦人古宏麟、古榮海兄弟，先後擔任董事長；現任董事長為弟弟古榮海，哥哥古宏麟卸任董事長後，轉任副董事長。

　　在創業之前，古宏麟在飼料廠任職，從16歲待到31歲，直到其倒閉為止。在這15年間，第1個5年，他負責飼料生產，第2個5年，轉為開拓業務，最後1個5年，則被老闆指派管理養雞場；對雞、蛋的一切，他皆極為熟稔。

認識自動化的威力

　　原本，飼料廠專營飼料生產、販售，養雞場正是最主要的客戶。然而，若干養雞場長年拖欠款項，令飼料廠老闆頗為惱

怒；堅信養雞並非難事的飼料廠老闆，竟決定兼營養雞場，其養雞場雞隻高達約10萬隻，並責成古宏麟進駐。

飼料廠兼營養雞場後，經一位貿易商的引介，開始從丹麥引進白羅曼種鵝（White Roman Geese），以販售小鵝為副業；現在，台灣飼養的鵝，高達97%為白羅曼種鵝。之後，飼料廠老闆又從丹麥陸續購進打蛋機、殺菌設備，讓古宏麟認識自動化設備的威力，與食品安全的重要性。

當時，飼料廠的打蛋機，1小時可打2萬顆蛋，並開始生產液蛋，是為台灣液蛋的先驅。只是，當時液蛋乏人問津，令飼料廠老闆與古宏麟鎮日發愁，不知如何尋覓買家；某日，有一對夫婦前來養雞場，推銷過期的餅屑，希望飼料廠老闆購買，作為雞隻的補充飼料。

在這對夫婦與飼料廠老闆的對話中，古宏麟靈光一閃，認為這對夫婦以兜售餅屑為業，必定擁有穩定、豐沛的餅源，供應商除糕餅、零食業者，不作他想。果不其然，經古宏麟試探，這對夫婦大方地坦承，與多家糕餅、零食業者的採購人員頗為熟絡。後來，這對夫婦中的太太孫小姐，更成為古宏麟創業時的貴人。

院子搭棚撐過危機

此時，古宏麟進一步詢問這對夫婦，可否協助飼料廠，將液蛋打入糕餅業者的食材供應鏈；若可成功，兩人的獲利應可超過銷售餅屑。這對夫婦當場允諾，在他們牽線下，飼料廠的液蛋獲乖乖、可口兩家零食大廠採用，省去工作人員打蛋、清理蛋殼的時間，成功縮短製程時間，提升生產效率，更免去消費者吃到蛋殼的客訴。

「第一項採用液蛋的食品，為乖乖的明星產品——孔雀餅乾。」古宏麟解釋，孔雀餅乾標榜僅用蛋黃，乖乖工作人員若要打蛋，再從中萃取蛋黃，相當耗時、耗神，採用液蛋既可省時、省力，又不必煩惱如何處理蛋白。

可惜的是，飼料廠老闆雖勇於開拓新事業，卻不肯正視產業生態變化，調整營運方向與商業模式，更不願聆聽古宏麟的忠告；最終，飼料廠因負債沉重，宣告歇業。在孫小姐的支持下，古宏麟夥同剛從士官長退伍的弟弟古榮海，承租飼料廠打蛋機等設備，創辦勤億蛋品科技，繼續供應乖乖、可口等廠商液蛋。

數年後，古氏兄弟被迫將生產線搬回老家，在院子內搭棚，並聘僱數名工人，以人工方式生產液蛋；古榮海張羅打蛋，古宏麟掌管一切事務，勉力支撐液蛋供輸。20世紀80年

代，受惠於台灣經濟逐步起飛，烘焙業快速發展，作為上游原物料的液蛋需求量激增，勤億蛋品科技營運亦步上坦途，更陸續增加產品品項。

液蛋可防沙門氏菌

不過，在創業歷程中，古宏麟亦屢有「獨自垂淚到天明」的艱困時刻。他回憶道，因為勤億蛋品科技與契作養雞場採每周結帳，且一律支付現金，但烘焙業者卻以支票付款，有時票期平均在2至3個月後；便曾遭遇近期應付款項高達數百萬元，手上雖握有一疊支票，卻苦無現金可支付的窘境。每次周轉困難，他只能東挪、西借，硬著頭皮度過難關。

隨著事業版圖不斷擴張，勤億蛋品科技曾長年每周開工6天，重大節日前幾天，常常得加班到晚上11點。古宏麟苦笑地說，春節前夕，更是最忙碌的時刻；因此，創業迄今，勤億蛋品科技從未舉辦過尾牙，年年皆以春酒替代。

1987年，勤億蛋品科技耗資5千萬元，從丹麥進口當時最先進、產能最大的打蛋機，並自日本購進殺菌設備，將產品從一般液蛋升級為殺菌液蛋，全力積極衝刺營業額。為了推廣烘焙業者使用液蛋，並鑒於資深廚師難以改變用蛋習慣，特由弟弟古榮海聯繫中華穀物烘焙班，免費提供液蛋，並親自前往示

範液蛋使用訣竅，以求從根徹底移風易俗。

　　「以人工打蛋，容易感染沙門氏菌（Salmonella），輕則腹瀉，重則死亡。」古宏麟加重語氣說，歐、美、日本等先進國家皆已立法，規定液蛋需經殺菌後，方可上架販售，「台灣尚未立法，但勤億蛋品科技走向法令之前，以確保消費者健康。因此，就連日本節目《電視冠軍》甜點競賽冠軍得主，與來台客座傳藝的義大利米其林三星主廚，皆優先選用勤億蛋品科技的蛋品。」

屢屢創蛋品業第一

　　早年，台灣經濟窘困，一般民眾飽食已頗為困難，吃蛋更是奢侈享受；許多孩童的生日禮物，就是一顆水煮蛋。古宏麟自豪地說，20世紀80年代後，台灣大多數家庭都已吃得起蛋；而蛋成為老少咸宜的國民美食，勤億蛋品科技的大力提倡與創新，實功不可沒。

　　除了引進液蛋，讓烘焙業用蛋過程更衛生、更安全；勤億蛋品科技更首創，將盛裝粒蛋的容器，從木箱改為塑膠箱，將容器內預防粒蛋碰撞、破裂的糟糠，改成鋪報紙，之後同業紛紛仿效，遂成為台灣粒蛋販售攤架的共同景觀。液蛋改用罐裝，方便烘焙業者使用，古宏麟亦是設計、開模的第一人。

　　勤億蛋品科技的蛋源，主要來自契作的養雞場。古宏麟強調，勤億蛋品科技不收破蛋、屎蛋，故蛋品價格較同業為高；他更正告契作的養雞場，要謹記施打抗生素的時間、時效，避免消費者誤食抗生素，「公司雖設有簡易的檢驗設備，但等待檢驗結果就得數天，不僅緩不濟急，且防不勝防。慎選優質的契作養雞場，方是正道。」

　　到了2000年時，勤億蛋品科技已躍居台灣蛋品業的龍頭。只是，隨著飼養技術長足進步，加上烘焙業已普遍採用液蛋，蛋品業新創公司紛紛冒出，甚至低價搶食市佔率，競爭壓力已不可同日而語。

從本業向周遭延伸

　　而在台灣加入世界貿易組織（WTO）後，蛋品業更有如滾燙的悶燒鍋，內外夾擊、熱氣蒸騰，從業者無不備受煎熬。因為，世界貿易組織其他會員國的蛋品，已可長驅直入台灣市場，且粒蛋跨海運送，折損率甚高，進口最大宗者正是液蛋；勤億蛋品科技首當其衝，轉型壓力一日大於一日。

　　為了突破經營困境，勤億蛋品科技從本業向周遭進行延伸，向上延伸至蛋雞飼養，向下則致力拓展面膜、雞油、滴雞精、保健食品等相關產品。古宏麟充滿信心地說，除了雞毛、

雞屁股，勤億蛋品科技已將雞、蛋的經濟價值，發揮得淋漓盡致，連昔日僅能充當堆肥的蛋殼，亦再製成蛋殼粉及鈣片。

勤億蛋品科技選擇嘉義縣市為基地，陸續興建多座蛋雞飼養場，以高規格、現代化方式飼養放山雞，生產高品質的雞蛋，預計飼養20萬隻；放山雞的主食，為由靈芝、納豆菌、葉黃素所調配的飼料，其雞蛋口感、香味皆勝過市面產品，雖然價格較高，但深受消費者歡迎。

將事業版圖拓展至蛋雞養殖，勤億蛋品科技的主要用意並非汰換、取代原有契作的養雞場；旨在透過優化飼養方式、飼料配方，開發可在高階市場立足的蛋品，另闢新戰場、創造新財源，即使生產成本大幅增加，卻有助打響品牌知名度，擴大整體收益。

以寡齡雞煉滴雞精

於是，勤億蛋品科技此舉，並未影響與契作養雞場的合作關係。其原因有二：首先，勤億蛋品科技早已是蛋品業龍頭，契作養雞場數目頗眾，不會有養雞場因此率爾斷料；其次，勤億蛋品科技蛋雞飼養場生產的雞蛋，並未衝擊契作養雞場蛋品銷售，自無抗議、抵制情事。

強調無添加、不調味、未過濾的幸福滴雞精，現亦是勤億

蛋品科技的招牌商品。勤億蛋品科技蛋雞飼養場雞隻平均飼養期，約為1年半，不符合經濟效益的寡齡雞，多半售予雞排業者，後經友人提點、建議，將寡齡雞以其提煉滴雞精，大幅提高經濟價值。

「寡齡雞燉湯，令人垂涎三尺，更是提煉滴雞精的最佳食材。」古宏麟澄清，與其他滴雞精相較，幸福滴雞精較為混濁；混濁乃是勤億蛋品科技在滴雞精製程中，特將寡齡雞骨頭敲碎，加入富含鈣質的骨髓，口味更令人回味無窮。

除了提煉滴雞精，勤億蛋品科技亦熬煮寡齡雞，生產不摻任何水分的雞油。近年來，台灣隔三差五便爆發食品安全事件，假油、劣油充斥市場，消費者人人自危，其雞油銷售量亦直線上升。

堅持自建物流車隊

他山之石，可以攻錯。勤億蛋品科技學習韓國企業，將蛋膜製成面膜，亦仿效日本企業，將蛋殼製成鈣粉；消費者可將鈣粉添加在食物上，有助於增加鈣質吸收量。近年來，勤億蛋品科技更積極應用生物科技，研發新的保健食品，現已推出鈣片、護手霜等產品。

與其他蛋品業者不同的是，古宏麟堅持組建物流車隊，不

將配送業務委外，以一條龍體系服務客戶。他搖頭道，勤億蛋品科技亦曾委託物流企業送貨，還不到 3 個月，客戶便紛紛流失，逼使他改弦易轍，才遏止客戶出走潮。

「以粒蛋為例，其與 3C 產品不同，保鮮期限相當短暫。客戶若未如期收到貨，絕不會致電催討；遲到的粒蛋，新鮮度已大打折扣。」古宏麟略帶無奈地說，物流企業司機送貨時，通常將裝盛新貨的箱子，堆疊在舊貨的箱子上，忙碌的客戶用蛋時，必定從最上層的箱子取蛋，「不久後，最下層的粒蛋便將腐臭，造成無謂的損失。自組物流車隊，便無此流弊。」

「自建物流車隊，司機送貨時，還可同時回收空箱。」古宏麟一一羅列優點，更指出，若司機兼任業務代表，就不必另派專人收款，公司亦支付收箱獎金、收款獎金，讓司機更有動力身兼多職，「自家司機還可即時反映客戶意見，扮演企業、客戶之間的橋樑。」

最怕颱風、禽流感

蛋品業屬民生產業，受景氣榮枯影響甚微。2008 年，全球金融海嘯洶湧來襲，台灣百業蕭條，若干企業更應聲倒地；大多數消費皆可延遲，但民以食為天，蛋品消費未見消退，勤億蛋品科技業績仍維持成長，古氏兄弟額手慶幸，深感創業時

選對產業，方能安度此劫。

「夏、秋兩季的颱風，與冬季的禽流感，才是蛋品業的天敵。」古宏麟直言，颱風若直撲颱風而來，養雞場多有死傷，蛋價雖快速翻揚，但蛋源卻驟減；禽流感爆發時，撲殺雞隻為重要防疫手段，也將刺激蛋價飆漲，只是蛋品供不應求，壓縮獲利空間，「特別要澄清的是，雞若感染禽流感，必將食慾不振，根本不會生蛋。因此，縱使禽流感肆虐，消費者仍可安心吃蛋。」

對抗颱風、禽流感，蛋品業並非無技可施，液蛋正是最佳利器。古宏麟解釋，液蛋可透過冷凍技術保存，保鮮期遠長於粒蛋，蛋品業若能在雞蛋盛產時，製作、冷藏液蛋，在颱風、禽流感攻台時釋出，既可平抑蛋價，又可拉抬獲利，堪稱一舉兩得。

日前，勤億蛋品科技再從丹麥，購置最新型的打蛋機，其每小時可打13.5萬顆蛋，加上原有的打蛋機，每小時共可打17萬顆蛋，讓產能再次向上提升。古宏麟期許，在5年後，勤億蛋品科技年營收持續成長。

將進軍港澳新等地

在可見的未來，勤億蛋品科技還有兩大目標。首先，將致

力開發零膽固醇的液蛋,將液蛋從業務市場推廣至消費市場,
進入一般家庭的廚房;其次,將進軍飲食習慣與台灣相近,卻
無本土養雞產業的香港、澳門、新加坡市場。

「蛋是最平價的營養品,亦是普羅大眾最重要的蛋白質來
源之一。」古宏麟解釋,蛋白不含膽固醇,蛋黃雖含膽固醇,
卻是好的膽固醇;但因諸多消費者聞膽固醇色變,特別是銀髮
族,零膽固醇的液蛋逐漸蔚為時尚,並已在美國等國創造銷售
佳績,「烹飪液蛋前,只要將裝液蛋的罐子搖一搖,倒出來的
液蛋就將頗為均勻,不僅可快速出菜,還不必煩惱吃到蛋殼、
雜物。」

將液蛋從業務市場推廣至消費市場,勤億蛋品科技的挑戰
在於,如何改變一般人的用蛋習慣;但揮師香港、澳門、新加
坡市場,障礙則是,如何讓產品符合當地的法令。

勤億蛋品科技小檔案：

創立：1981年

創辦人暨董事長：古榮海

創辦人暨副董事長：古宏麟

產業別：蛋品與相關產品

地點：桃園市桃園區

轉型心法：持續從本業向周遭延伸，向上延伸至蛋雞飼養，向下則致力拓展面膜、雞油、滴雞精、保健食品等相關產品。未來，更將開發零膽固醇的液蛋，並進軍香港、澳門、新加坡市場。

第三章

新競爭

1 ｜ 新競爭無可遁逃 轉型開創新契機

　　有競爭方有進步，有壓力才有成長；競爭愈激烈的產業，進步速度愈快，但轉型的壓力亦愈大。在當下，企業面對的競爭對象，不僅是同產業的企業，因為新科技衍生的跨界應用現已如百花齊放，時常得面對來自其他產業的挑戰。

　　除了新科技問世，為產業、企業帶來的新競爭，促使市場供需結構產生質變，逼使企業不得不轉型；其他可能引發新競爭的外部因素有二，依次為市場紅海化、他國政策變異，茲一一解析其影響。

新科技引爆新競爭

　　無可諱言，數百年來，新科技是推動人類社會前進的主要動力。綜觀歷史，新科技常激發新的需求，若是極具開創性的新科技，更將引爆激烈異常的新競爭；新科技亦常改寫產業商業模式，使產業生態、結構不再穩定，時時都可能有新的競爭者，以新的模式切進市場，打破產業維持多年的秩序與運作

型態。

例如,網路科技日新月異,普及率節節上升,且應用層面愈來愈多元;其突破時間、空間的限制,令虛擬活動逐漸取代諸多實體交流,亦開創迥異於傳統商業的全新模式。

先前,連鎖便利商店挾長時間營業之優勢,加上動線通暢、商品陳列整齊、空間寬敞明亮,迅速取代雜貨店,成為通路霸主。可是,隨著電子商務、網路交易崛起,因產品品項遠多於便利商店,且縱使遭逢雨天、颱風天,一樣可輕鬆消費,加上商品宅配到家,節省消費者可觀的交通時間、費用,遂逐漸侵蝕便利商店之市場,書店、百貨公司與眾零售業者皆備受威脅。

再例如,聯結衛星導航、智慧型手機功能的Uber叫車服務,更是新科技催生新競爭的典範。Uber透過智慧型手機的應用程式(APP)聯結司機與乘客,乘客透過簡訊、應用程式預約車輛,並追蹤預約車輛的行蹤,既令若干開車族可賺取外快,又常讓乘客支付低於搭乘計程車的車資,現已被計程車產業視為最大敵手。

市場紅海化已加速

昔日,大多數台灣企業,尤其是傳統產業的中小企業,從

未有歷經市場紅海化的經驗，總習慣歲月靜好、現世安穩。但一如前文所言，新科技總創造出新的需求，當有利可圖時，必定吸引眾多企業前仆後繼投入，讓市場從供不應求步向供需平衡，再邁入供過於求；當供過於求時，代表產業已進入成熟期。

當產業進入成熟期後，各企業所生產的商品或所提供的服務，已然大同小異，差別微乎其微，就此進入薄利化時代；企業若要拉抬利潤，或擴大市佔率，唯有提升生產效率，或想方設法壓低生產成本。此時，產業市場已堪稱紅海市場。

近10餘年來，因新興國家大力發展經濟，市場紅海化的速度愈來愈快。愈來愈多新興國家採取出口導向的經濟策略，努力爭取外國企業的投資，其在全球經濟的分量亦與日俱增；新興國家積極奮起，使全球產業競爭更加激烈，台灣企業也無法置身全球趨勢之外，市場紅海化威脅如影隨形、無法擺脫。

而在進入全球化時代後，世界各國唇齒相依，經濟連動日益密切；台灣企業非但得關注台灣經濟政策走勢，還得留意其他國家政策之變化。近年來，若干國家集中國家資源，扶持特定產業，或提供租稅優惠，或貼補產品售價，使其更具國際競爭力，並迅速擴大國際市場佔有率，嚴重擠壓台灣企業在國際市場的生存空間。

中國企業威脅最大

還有若干國家，為保護該國產業、企業，施行關稅保護政策，增高關稅壁壘，或提高商品進口的檢驗標準，或動用非經濟手段干擾外商，包括台灣廠商在內，試圖壓低外商商品的市佔率，其影響既直接又深遠。

當新科技問世、市場紅海化、他國政策變異，都可能引發產業的新競爭；當企業遭逢利潤銳減，甚至由盈轉虧，或已到危急存亡之秋，都應思考如何運用現有利基，進行轉型、升級。否則，輕則繼續慘澹經營，重則成為新競爭下的新亡魂。

近年來，對台灣企業威脅最大的新競爭者，當是來勢猛烈、企圖心龐大的新興國家企業，特別是中國企業。新興國家企業因勞動成本較低廉，雖商品、服務品質尚不及台灣企業，但靠著價格優勢，仍步步進逼台灣企業。當下，台灣企業同時得對抗產業持續外移、中國企業進逼，還得發想、投身轉型之路，營運遠比昔日艱辛。

回顧台灣經濟史，自20世紀80年代起，因為勞力、土地成本節節上升，環保法規日趨謹嚴，傳統產業企業相繼將生產基地，遷往中國、東南亞國家，迄今仍是現在進行式。幸而，在20世紀90年代，台灣電子產業適時崛起，支撐台灣經濟，台灣經濟才不至於空洞化。

電子業亦遭遇瓶頸

不過，進入21世紀後，台灣電子產業已歷經10餘年的高成長、高獲利，新興國家競爭者亦陸續湧現，成長、獲利數字雙雙拾階而下；為避免新興國家競爭者後來居上，愈來愈多電子企業亦將生產基地遷移至勞動成本較低廉的國家。

早先，無論是堅持根留故鄉的台灣企業，或已西進中國的台商，因為技術較精良、管理制度較先進，除了產品品質、良率遠優於中國廠商，更無中國廠商動輒拖延交貨日期之積弊；因此，縱使產品價格較高，與中國廠商相較，仍頗具競爭優勢，且在中國產業供應鏈中，扮演關鍵角色。

只是，在中國的台商，必得聘僱在地員工，聘僱階層已從基層員工，向上延伸至中階主管，甚至高階主管；許多中階、高階主管在習得相關專業知識與技術後，便自行創業，反倒成為台商的競爭對手，並大舉挖角中國籍幹部。

中國企業實力大幅躍進，台商固是師法、學步的對象，但「海歸派」亦功不可沒。自1979年以降，中國政府著手經濟開放、改革，前往先進國家留學的人數逐年增加，留學生人數現已躍居全球之冠；當中國留學生陸續歸國後，若干「海歸派」進入國營企業，或官方色彩濃郁的民營企業，引進先進國家的技術、管理模式、行銷手法，讓中國企業脫胎換骨，國際競爭

力愈來愈強。

紅色供應鏈已崛起

中國式資本主義獨樹一幟，中國政府常針對戰略性產業，祭出貼補政策，以低價、傾銷策略搶佔國際市場。近年來，中國企業以中國政府為後盾，在國際市場上攻城掠地，讓台灣企業疲於應付；縱使在台灣市場，中國商品亦大軍壓境，逼使市場加速紅海化，讓台灣企業幾乎喘不過氣。

在製造業實力壯大後，中國上、中、下游廠商與相關協力廠商，已形成完整的紅色供應鏈。紅色為中國代表色，紅色供應鏈指中國上游、中游、下游廠商所組成的產業供應鏈，其自給自足、排他性極強，台商亦難以插旗其間；形成紅色供應鏈的產業，現已從傳統產業「蔓延」至電子相關產業。

特別是傳統產業，因為技術門檻較低，紅色供應鏈益發堅實；愈來愈多中國台商被排擠於紅色供應鏈之外，不得不將生產基地「轉進」東南亞國家，或撤回台灣，不轉型勢必將成明日黃花。

令人憂心的是，在台灣製造業中，附加價值最高、最具國際競爭力的電子零組件產業，如面板業、半導體業等，近年來亦遭逢紅色供應鏈嚴重威脅，獲利直線下滑，甚至被媒體稱為

「慘業」。諸多曾風光一時的知名企業，如今皆岌岌可危。

兩岸競爭此消彼長

　　為搶奪平價手持電子裝置的豐沛商機，中國政府傾全力扶植本土LED、面板、半導體、光學元件、電池模組，與其他電子零組件相關產業，更在2015年5月，頒佈《中國製造2025行動綱領》，積極打造電子零組件產業的紅色供應鏈。

　　《中國製造2025行動綱領》為中國朝全球製造業強國目標前進的第1個10年計畫，其強調以中國利益為優先，敦促中國電子終端產品業者採購中國電子零組件廠商產品，強化電子業紅色供應鏈實力。

　　由於中國已是全球第2大經濟體，愈來愈多國際大廠被迫向中國靠攏，亦使其日益茁壯；例如，連Apple當下的企業策略，都已轉向扶植紅色供應鏈。此意謂著，台灣電子零組件產業日後處境愈發嚴峻，競爭壓力將如泰山壓頂般地沉重。

　　不僅中國中央政府致力挹注紅色供應鏈，地方政府亦竭其所能支援。於是，中國電子零組件產業版圖現仍持續擴張，特別是各領域的龍頭廠商，規模、營業額現皆已躋身國際級企業；紅色供應鏈企業亦不再以稱霸中國市場自滿，逐步跨足國際市場，在非洲、拉丁美洲等市場大有斬獲，國際影響力亦隨

之水漲船高。

仍有逆境求生典範

　　然而，台灣企業雖面對新競爭與內憂外患夾擊，仍不乏企業勇於轉型，在夾縫中開出繁花盛果；大來運動器材、展澄企業、高鋒針織、特鼎工業等 4 家企業，便堪稱在逆境求生存的典範，其歷程、經驗與心得，足堪其他中小企業借鏡。

　　原以運動、醫療、保健針織護具為主力產品的大來運動器材，在 10 餘年前，因為管銷費用不斷膨脹，加上員工平均年齡已偏高，工作效率亦停滯不前，且中國、東南亞國家廠商搶食訂單，造成利潤逐年下滑，經營壓力日益沉重，轉型已是燃眉之急。

　　因此，大來運動器材轉投資承大科技，初期主攻家庭保健食品、內建晶片的紡織品與高科技紡織品等產品，之後則轉攻 100 吋以上的面板。以大來運動器材 30 餘年的紡織技術為基礎，承大科技採用高科技的超細金屬纖維線，成功研發出耐摔、防水的投影面板，切入面板產業。

　　展澄企業主力業務，包括單色與雙色塑膠模具的設計、生產，與製造各種高精密零組件，如無線電話、電腦周邊設備、汽車塑膠醫療器材等。近年來，其服務範疇已遠遠超越一般

模具公司,從創意、藍圖設計、3D模擬實體設計、模具圖設計,到整體模具及成品射出成型,並可針對不同客戶的需求,提供整套或特定環節的服務。

轉型痛苦結果甜美

但隨著製造業大舉外移,導致模具需求量下滑,且在台灣放寬對其他國家產品限制後,展澄企業營運愈發困難,遂決定轉入塑膠模具製造,並跨足下游射出成型領域。雖因轉型而喪失原有客戶群,被迫一切從零開始,但展澄企業卻能東山再起,現更只承接各產業龍頭企業的訂單,亦婉拒毛利率低於25%的訂單,但訂單依然應接不暇。

40餘年來,彰化縣社頭鄉一直執台灣織襪產業之牛耳,產量最高曾佔台灣總產量的70%,高鋒針織即為其中一員。但在20世紀80年代後,台灣工資、土地成本持續上漲,又遭逢中國、東南亞國家織襪產業低價傾銷的挑戰;而在台灣對外開放市場後,更讓轉型壓力達到頂點。

高鋒針織原亦以各式襪品為主力產品,在轉戰男女內衣市場後,終於走出營運泥淖,克服襪品訂單、利潤雙雙下滑的逆境,再創企業新盛世。

特鼎工業原生產螢幕、汽車音響、五金零組件等,為台灣

前幾大沖壓業者之一。但隨著台灣製造業生產基地大舉遷移
至中國，特鼎工業大多數客戶亦先後西進；因訂單銳減，在
1997年，其在中國廣東省東莞市設立分公司，並於2002年在
江蘇省崑山市拓點，終於安然度過危機，企業員工數更從先前
的20餘人，成長至逾1300人，業績年年高速成長。

薄利化是轉型動力

　　不過，因電視產業進入成熟期，為對抗薄利化，特鼎工業
亦隨著時代、產業潮流數次轉型，其主力產品現已轉為汽車、
飛機、3C產品的金屬零組件，與LED電視、LCD電視背蓋，
及伺服器、電腦硬體設施、手持電子裝置的零組件等。

　　只是，特鼎工業長期偏重技術研發，缺乏自有品牌。當企
業第2代加入經營團隊後，決定扭轉此一劣勢，遂於2013年成
立鼎藝科技。鼎藝科技在特鼎工業技術、資源的支援下，以國
際知名工藝設計師為後盾，運用繁複、精準的工藝，雕琢猶如
藝術品般的3C限量精品；目前，其已創立TeicNeo品牌，致力
打造可應用於各大品牌手機的金屬保護殼。

2 │紡織企業研發投影面板
大來運動器材旭日再昇

　　傳統產業一詞，就像觀世音菩薩的法寶緊箍圈。原本極富創意、活力的產業，倘若被冠上傳統產業頭銜，就像被戴上緊箍圈的孫悟空，立即從大鬧天宮、踢倒八卦爐的齊天大聖，變成唯唯諾諾、謹小慎微的唐三藏大弟子；一旦有妖魔擋路、災難突至，便如白首宮女話當年般，不斷緬懷昔日榮光。

　　「可憐之人，必有其可恨之處。」大來運動器材董事長、承大科技總經理吳明來直言，大多數傳統產業的企業成天怨天尤人、怪罪政府，卻不願投入人力、資源，從事研發、創新，導致產品可取代性極高，根本不具市場競爭力，業績江河日下實咎由自取。

從醫療用針織護具起家

　　創立於1980年的大來運動器材，主要生產用於運動、醫療、保健的針織護具，產品包括護膝、護腕、護肘、護跟、護腰帶、吊臂帶、護頸圈、疝氣帶等，並自創品牌JASPER，產

品行銷世界各國，主要市場為歐洲、澳洲、中東與北美洲，並跨入護具代工領域。

剛創業便遭逢第 2 次石油危機，吳明來回憶道，過程備極艱辛，幸而最終挺過此次危機。最初 2 年，大來運動器材僅做內銷市場，且先向其他廠商購買半成品，再進行加工；之後，才全力投入外銷市場，並決定自行設計、生產針織護具。

學歷、經歷與紡織業皆無淵源的吳明來，投入生產運動、醫療、保健針織護具，並非誤打誤撞，而是深思熟慮過後的抉擇。當時，台灣經濟正快速起飛，國人平均壽命不斷拉長，且尚未實施全民健保，醫療、保健產業商機豐厚，預防醫學更蔚為風潮；他深信，運動、醫療、保健針織護具，必當前景可期。

進軍外銷市場時，因為毫無經驗，吳明來先將產品委託中國國貨推廣中心販售。不久後，為了直接接觸國外客戶，他亦仿效當時其他中小企業的企業主、經理人，帶著一只皮箱，便搭機闖蕩國際各大會展，對每一個有興趣的客戶介紹產品。

勤讀英文克服外銷障礙

不過，英文聽、說能力不佳，卻成了吳明來拓展外貿的最大關卡。在各大會展，好不容易有外國客戶願意聽他解說，卻

常因口齒不清、詞不達意、腹笥甚窘，即使費盡唇舌，甚至比手畫腳，對方卻仍一頭霧水，數不清錯失多少商機。

　　為此，他發奮學習英文，常抱著商業英文書籍苦讀，遇到不解之處，就向畢業自輔大外語學院的祕書請教。幾年過後，吳明來英文程度大進，終於可與外國客戶應對如流，亦打通大來運動器材外銷的任督二脈，躍居運動、醫療、保健針織護具的一方之霸。

　　從紡織門外漢到運動、醫療、保健針織護具領導者，吳明來回顧，大來運動器材成功基於4大策略，分別為建立企業CIS（corporate identity system，企業形象識別系統）、導入ISO系統、打造產品品牌JASPER，與大舉採用自動化設備。

　　「剛創業不久，便有友人建議我，應建立大來運動器材的CIS，並教導我CIS的種種細節。」吳明來表示，30多年前，先進國家企業已頗為重視CIS，在台灣則剛剛起步，諸多大企業對此亦不甚在意，「舉凡大來運動器材名片、信紙、信封、包裝盒，皆印上公司的商標（logo），讓客戶一目了然，且印象深刻。」

鉅資大舉購置先進機器

　　不過，在推動CIS時，大來運動器材內部雜音甚多，批評

此舉浪費人力、物力；但他毅然徹底、強力執行，不理會雜音。多年後，當台灣其他企業紛紛趕搭建立CIS的列車時，證明吳明來當年慧眼獨具，CIS節省的形象廣告經費，與帶動的經濟效益，實頗為可觀。

在20、21世紀之交，大來運動器材開始導入ISO系統，先後獲得數項重要的ISO認證；起初，亦遭遇內部龐大阻力與質疑，但其成效相當宏大。之後，JASPER產品陸續獲頒美國FDA（Food and Drug Administration，食品藥物管理署）、歐盟認證，即使先進國家對運動、醫療、保健針織護具的標準不斷提高，大來運動器材皆能與時俱進，一直走在風頭浪尖上。

在發想品牌名稱時，吳明來可說絞盡腦汁、翻遍字典，最後選擇JASPER一辭。他綜觀各大企業品牌，發現知名度較高的品牌，音節不多於3節、字母不多於6字；JASPER恰好是3音節、6字母，其原為歐洲男生名，歷史上曾有數個國王，皆以此為名。

在20多年前，當競爭對手還以人工包裝產品時，大來運動器材便已引進自動化包裝設備；透過整齊劃一的包裝，以增益客戶對其產品品質的信心。為了提升生產效率、產品品質，吳明來先後從德國、日本、美國，購買紡織機、包紗機、雷射切割機，還禮聘日本技師來台指導員工使用包紗機。

轉型研發產業用紡織品

「當時，台製紡織機一台要價9萬元，德製紡織機卻是120萬元，價差超過12倍。」吳明來雲淡風輕地說，此舉雖備受同業業者譏諷、訕笑，但台製紡織機仰賴人工操作、調整，德製紡織機卻是全自動，不僅可節省人力，還能降低原物料使用量，「大來運動器材只花了2年，便已回收購買德製紡織機的成本。」

進入21世紀後，由於大來運動器材的管銷費用水漲船高，員工平均年齡亦偏高，工作效率停滯不前，加上中國、東南亞國家廠商分食訂單，且產品價格不動如山，造成利潤逐年下滑，經營壓力日益沉重，轉型已是燃眉之急。

「在1999年，紡織業便已被視為夕陽產業，政府積極輔導業者，研發高科技、高附加價值的紡織品。」吳明來指出，經過一番考察、思索，認定產業用紡織品將大有可為，更主導組織研發團隊，帶領部屬找資料、請教專家，研究材料、技術、市場趨勢，嘗試開創出一條新道路。

轉型責任不應向下攤派

　　他語重心長地說，大多數企業轉型失敗的根本原因，在於轉型並非由主事者親力親為，而是將責任層層向下攤派，如總經理交辦給副總經理，副總經理再交給協理，最後可能是一位經理負責此事，其權力、能力皆不足，焉能成事。

　　2002 年，吳明來另創承大科技，主要產品為家庭保健用品、內建晶片的紡織品、高科技紡織品，並從 2006 年起，轉攻 100 吋以上的面板。以大來運動器材 30 餘年的紡織技術為基礎，承大科技採用高科技的超細金屬纖維線，成功研發出耐摔、防水的投影面板，切入面板產業。

　　承大科技轉戰面板市場，緣起於一場誤會。有次，大來運動器材進行產品行銷，吳明來發現顯示器效果欠佳，但顯示器廠商愛理不理，讓他決心研究面板。投入面板市場後，才驚覺其遠比想像中困難，歷經諸多波折，他選擇師法夏普（Sharp）的面板，生產沒有背光源的布面板。

　　承大科技研發的投影面板，兼具 3D（3 dimensions，立體影像）、4K（原為 4K resolution，指面板水平解析度達到 4000 像素）、廣視角、高色彩飽和度等優點，且其節能、壽命長，比當下其他面板更加護眼，收視時並無壓迫感。

現投入興建小型電影院

「我的目標是，讓家家戶戶都有100吋以上的投影面板。」吳明來指出，承大科技製造採兩岸分工模式，面板生產基地設於宜蘭縣，再運至中國進行組裝；因此，其未來將以中國為主力市場，希望可乘物聯網浪潮而起，在大型面板市場占一席之地。

全球面板產業競爭異常慘烈，設立新廠的投資金額，動輒100億元起跳。承大科技生產的投影面板，並非傳統面板，製造成本雖遠為低廉，但視覺效果卻毫不遜色。吳明來微笑地說，若將國際面板大廠比喻為航空母艦，承大科技猶如一艘小舢舨，正面對陣絕非對手，只能從側面發動奇襲；但若時代、產業趨勢轉向，反而有機會躍居主流。

承大科技雖尚未在市場上發光發熱，但隨著產品不斷參展，已引起若干大廠的注意，讓吳明來更具信心。除了承大科技，大來運動器材轉型、升級的腳步，迄今仍未停歇；吳明來透露，近來他亦投入文創產業，準備興建小型電影院，希望可打造台灣版的IMAX（image maximum，可放映比傳統底片更大尺寸、更高解析度的系統），並讓競爭對手在10年內仍望塵莫及。

大來運動科技小檔案：

創立：1980年

創辦人暨董事長：吳明來

產業別：運動、醫療、保健針織護具

地點：新北市新店區

海外據點：中國

轉型心法：轉投資承大科技，從穿著用紡織品跨足產業用紡織品，運用精湛的紡織技術，編織超細金屬纖維線，並採兩岸分工模式，在台灣生產，在中國組裝，以降低製造成本。

3 | 展澄企業先蹲後跳
產品品質直逼德商

中國俗諺「捨不得孩子，套不住狼」，實為「捨不得鞋子，套不住狼」之訛傳。原指狼生性狡猾、能奔善跑，當獵人發現狼的蹤跡後，通常得跑壞好幾雙鞋，才可能捕獲狼；如果捨不得弄壞鞋子，狼必定逃逸無蹤。

許多中小企業皆面臨，非轉型不足以救亡圖存的危機，卻吝於投注人力、資源，妄想可「無痛轉型」。展澄企業總經理黃大山指出，企業進行轉型之初，受盡同業嘲弄、排擠，每月高達數百萬元的赤字，常讓捧讀損益表的他雙手顫抖；然而，展澄企業現已躍居台灣塑膠模具領導者，當初的競爭對手若非縮小規模，便是已銷聲匿跡。

在他人譏笑中堅持目標

1988年，黃大山創立大山企業社，專營模具製造；1990年，更名為展毅模具有限公司，承接各類精密模具製造。1996年，他成立展澄企業公司，主力業務包括單色與雙色塑膠模具

的設計、生產、製造，與各種高精密零組件，如無線電話、電腦周邊設備、汽車塑膠零組件與塑膠醫療器材等。

近年來，展澄企業服務範疇，已遠遠超越一般模具公司，從創意、藍圖設計、3D模擬實體設計、模具圖設計，到整體模具及成品射出成型，可針對不同客戶的需求，提供整套或特定環節的服務。

從高職畢業後，黃大山因曾在技職競賽中得名，數家大企業皆表達延攬之意，起薪約每月1萬元；但他卻全數拒絕，反而選擇當月薪僅3千元的學徒。他認為，若到大企業任職，頂多是一台大機器中的小螺絲釘，前進的空間相當有限，但若跟著名師學習，卻可學到最高階的技術。

「當時，幾乎每個同學、朋友都笑我是大傻瓜。但我早已設定目標，要以3年的學徒時間，換取超越同儕的技術。」黃大山自豪地說，在他退伍並正式踏入職場時，起薪已達每月2萬元，超過所有同學；此段先蹲後跳的經歷，當以唐伯虎名句「別人笑我太瘋癲，我笑他人看不穿」形容之，亦是日後展澄企業轉型、升級的原型。

事業創高峰時毅然轉型

當了4年半的上班族後，黃大山決定創業。創業初期，員

工僅有他與太太2個人；因向銀行借貸困難，只能倚賴自己的儲蓄；為了拚事業，曾有約15年的時間，他幾乎全年無休地工作，常常一天睡不到3小時，體重一直維持在53公斤上下。到了事業步上軌道後，他的體重才快速增加，現已逾90公斤。

在他焚膏繼晷地努力下，企業規模、業績雙雙緩步成長；到了20世紀90年代中葉時，員工已擴增至10餘人，訂單更是絡繹不絕，動輒得加班到晚上2、3點，才能如期出貨。但在此時，台灣模具廠紛紛西遷中國、東南亞國家，雖然訂單未受影響，但黃大山深知，危機遲早都會爆發；自己無力前進中國，於是毅然轉入塑膠模具製造及雙色成型。

危機不僅來自於製造業大舉外移，導致模具需求量下滑，且在台灣加入世界貿易組織（World Trade Organization，WTO）後，必須放寬對其他國家產品的限制，在海外廠商傾銷、中國與東南亞國家台商低價回銷的夾擊下，亦使情勢日益嚴峻。除此，隨著民眾環保意識逐年高漲，政府環保法規亦日趨謹嚴，企業經營愈發困難。

「轉入塑膠射出製造，並切入下游射出成型領域；這也意謂著，將失去先前努力經營的客戶。」黃大山不諱言，幾乎所有員工都反對此一決策；但他確信，塑膠雙色射出將成為模具產業主流產品，若不及時轉型，恐將貽誤先機。

帶著皮箱拜訪各大企業

轉型後，原本的客戶立即視展澄企業為競爭對手，切斷已維持多年的合作關係，讓展澄企業進退維谷、業績陡降。黃大山透露，歷經約1年的陣痛期，便接獲日本客戶的訂單，再度過一段不算短的磨合期，業績才逐漸好轉；展澄企業更持續拓展多元化服務，終於重返榮景。

為了拓展新客戶，黃大山帶著裝滿樣品的皮箱，逐一拜訪台灣前500大企業，吃閉門羹、被掃地出門的經驗不計其次。遇到有意願合作的客戶，他更承諾對方，可先預付30%模具開發費；待模具開發成功後，再付剩下的70%餘款，若模具開發失敗，他將退還先前所收到的款項。

但在數年後，果如黃大山所料，雙色塑膠模具風吹草偃，市佔率節節上升。因其他模具廠皆無能力承接雙色塑膠模具訂單，昔日拒黃大山於門外的大企業，紛紛登門委託；到了約10年前，展澄企業已攀登全台雙色塑膠模具最大供應商。

原本，展澄企業固守台灣市場；但在塑膠模具市場立穩腳跟後，黃大山則逐步汰換客戶，以提高淨利率，並進軍國際市場。他將客戶分為數等，一線客戶為品牌商，二線客戶為代工廠，三線以下的客戶則為代工廠的協力廠商，等級愈高的客戶訂單，利潤則愈高；本以三線客戶為主的展澄企業，此時則全

力衝刺二線、一線客戶。

以德國廠房為師蓋新廠

　　為進軍國際市場，黃大山除了勤學英文、日文，更積極參與各項國際展覽；雖然每次出國參展，花費至少100萬元起跳，但他仍勇於嘗試，足跡遍及世界各國。且在友人的建議下，他決定自行購地、設廠，並以德國廠房為師，興建展澄企業的廠房，並擘建高雅、舒適的商務會議室。

　　「大多數台灣中小企業的廠房，不僅動線不佳，安全更堪虞，根本未經縝密規劃。」黃大山直言，如此的廠房環境，生產效率勢必無法大幅提升，更無法吸引一線、二線客戶，更遑論國外客戶，「連廠房都吝於投資，又如何讓客戶信任生產品質；至於耗費鉅資的轉型，更是口惠實不至。」

　　遷廠前，展澄企業約90%訂單來自台灣，僅有約10%訂單來自海外。遷廠後，海外訂單比例逐漸提升，目前已約佔整體訂單的50%。因為實在供不應求，展澄企業只得割捨部分客戶，現更只承接各產業龍頭企業的訂單，亦婉拒毛利率太低的訂單。

　　雖已在國際市場大有斬獲，但在可見的未來，展澄國際仍將繼續深耕台灣，並無赴海外設廠的計畫。黃大山強調，企業

想要百尺竿頭、再進一步，不僅得投資設備、廠房，更得投資員工；在展澄企業，最基層作業員的薪資，依其職等不同，約高出同業3千元至1萬元，故流動率甚低。

與眾產業合作分攤風險

「展澄企業鼓勵員工報考與工作相關證照，只要考取證照，便立即加薪。」黃大山大氣地說，員工報考相關證照的費用，一律由公司給付，若得在上班日上課，則給予年假，即使在假日上課，亦支付加班費，「若有多名員工同時報考同一證照，還延請老師到廠授課。」

與其他模具廠不同之處在於，展澄企業不一定根據客戶之要求，提供其所想望的服務，而是考察客戶的實際狀況與真正需求，擬定最佳解決方案。於是，展澄企業不採低價促銷策略，超群的競爭力來自卓越的附加服務，不以模具廠自居，自我定位為品牌廠，不接受客戶砍價。

「其他模具廠偏愛孤注一擲，只與熱門產業的企業合作；展澄企業訂單卻來自數個產業，以分攤風險。」黃大山舉例，昔日模具廠熱衷與面板廠合作，當面板產業日正當中時，模具廠業績亦攀登巔峰，但面板產業淪為「慘業」時，模具廠也從天堂直墮地獄，「同業都譏笑我，因為合作的產業愈多，產品

品項愈龐雜，企業管理亦愈加困難。」

　　然而，展澄企業迄今仍屹立不搖，事業版圖仍持續擴張，譏笑黃大山的同業，或苦撐待變，或早已歇業關張。黃大山分析，展澄企業合作產業頗眾，縱使某一產業再興旺，仍致力將其訂單比例壓低至20%以下，避免此產業若急遽由盛轉衰，對企業造成嚴重衝擊。

以美商德商為競爭對手

　　不過，即使早已做好分散風險的佈局，但遭遇大多數產業皆遭重創的全球金融海嘯，展澄企業亦無法倖免於難，被迫裁員度過難關。幸而，全球金融海嘯來得急、去得快，展澄企業受衝擊的時間，僅約7個月；在2008年時，黃大山重新檢視、反省自己的管理哲學，並適度進行調整，期許在未來，可讓展澄企業腳步更穩健、踏實。

　　黃大山所領悟的管理哲學，可約略歸納為以下7點：

1. 企業若賺到1塊錢，企業主不應立即放進口袋，應將其投資人才、設備，之後才能賺到10元，甚至100元。
2. 企業應維持融洽氣氛，讓員工可愉快地上班。
3. 鼓勵每名員工自動學習，不必主管事事叮嚀；並建立

「員工若認為不合理，敢直接說出來」的優質文化。

4. 企業主應勇於創新，一肩扛起因創新而衍生的責任，且不以此責難部屬。

5. 強化各部門的橫向溝通。

6. 每個部門都應定時提出提升工作效率的報告。

7. 關於業務執行、推廣，每個部門每月都應有月計畫，每季亦應有季計畫，並視實際狀況予以調整。

「在國際市場，展澄企業產品品質已達德商的90%，但價格僅有其70%，頗具競爭力。但在先進國家，模具價格約為台灣的2倍，換算下來，利潤仍遠高於台灣市場。」黃大山自信地說，展澄企業已不將台灣其他同業視為競爭對手，「展澄企業的主要競爭對手為日商、美商、德商，且已漸漸超越日商，未來希望可更逼近德商！」

展澄企業小檔案：

創立：1996年

創辦人暨總經理：黃大山

產業別：塑膠模具

地點：高雄市鳥松區

轉型心法：利用搭售模式，切入下游塑膠射出領域，致力分散客戶所屬產業，避免過度倚賴某一產業，且提供附加服務，找出最具價值的客戶，並興建新廠房，以利爭取訂單。

4 | 外軍壓境使襪業蕭條
高鋒針織靠內衣翻身

2013年4月，勾勒彰化縣社頭鄉織襪產業聚落興衰起落的記錄片《台灣黑狗兄》上映。此後，許多人方才知曉，40多年來，社頭鄉一直執台灣織襪產業之牛耳，產量最高曾佔台灣總產量的70%，即在每10雙襪子中，即有7雙產地在社頭鄉，被譽為「襪子的故鄉」。

在社頭鄉織襪產業巔峰時期，彰化縣流傳一句「順口溜」：「社頭有三多，襪子多、芭樂多、董事長多」，足見社頭鄉當年的繁華。但在20世紀80年代後，台灣工資、土地成本持續上漲，社頭鄉織襪產業處境日益艱難，又面臨中國、東南亞國家織襪產業低價傾銷的挑戰，轉型壓力日益沉重；而在台灣加入世界貿易組織後，轉型壓力更達到頂點。

既代工又有品牌

面對巨浪壓頂，在社頭鄉諸織襪企業中，自不乏有企業無動於衷，從不思考轉型，或有心無力，只能隨波逐流，最終

葬身於洪滔中。而嘗試轉型的織襪企業，其轉型方向亦頗為紛雜；有的企業前往中國、東南亞國家設廠，有的企業致力打造襪子品牌，有的企業朝鄰近領域發展，高鋒針織則堪稱箇中翹楚。

　　創立於20世紀的高鋒針織，原亦以各式襪品為主力產品；但在第2代企業主、現任董事長蕭巽益的掌舵下，轉戰男女內衣市場，終於走出泥淖、扭轉頹勢，再造企業新盛世。

　　目前，高鋒針織雖仍繼續生產襪品，但其佔企業整體產品的比例，已降至約10%，男女內衣則已攀升至約90%；不僅承攬男女內衣知名品牌商代工業務，如華歌爾（Wacoal）、思薇爾（Swear）、曼黛瑪璉（Mode Marie）等，並自創蘭岱絲（Lantais）品牌，行銷台灣與世界各國。

　　2002年1月，台灣正式成為世界貿易組織的一員，實為外交史的里程碑；但在此後，台灣與國際市場接軌，對傳統產業衝擊甚劇，織襪產業當是受影響最大的產業之一。高峰針織亦不例外，營業額、利潤如自由落體般下墜，企業陷入自創立以來的最大危機。

棄學業繼承家業

　　2005年，世界貿易組織廢除紡織品、成衣進口配額管

制，導致新興國家低價襪品大舉進軍台灣市場，社頭鄉織襪產業節節敗退。蕭巽益回憶，當時高鋒針織的訂單數量尚未銳減，但報價卻嚴重崩跌，利潤驟降約80%，影響之大不言可喻；且襪品訂單數量下滑，已是不可逆的趨勢，轉型實為求生存的唯一途徑。

「在襪品市場，台灣廠商的最大競爭對手，自是中國廠商。」蕭巽益略帶無奈地說，若干中國廠商還是台灣廠商所扶植，雖然在技術上，中國廠商仍落後台灣廠商一段距離，但低價策略仍有助其攻城掠地，「高鋒針織選擇轉攻內衣市場，關鍵在於其製程約有一半與襪品製程相同，且所需的人工較少，轉型阻力較小。」

蕭巽益透露，先前中國薪資低廉，對勞力密集的紡織相關產業極具吸引力，父親也曾到西進設廠，更是最早到對岸投資的台灣紡織相關業者之一，最後卻鎩羽而歸，從此高鋒針織專心於轉型，努力鑽研、精進內衣製程。

當高鋒針織遭逢危機、戮力轉型之際，蕭巽益才剛考上東海大學企管系，卻已肩負企業營運重擔。他苦笑地說，上課時，同學們帶的是課本，他帶的卻是布料、計算機，有時還有合作廠商人員在教室外等待；學業、事業無法兼顧的情形下，他只能放棄學業，回鄉承繼家業。

機能性纖維崛起

高鋒針織由蕭巽益的父親創立，蕭巽益佩服地說，父親對織襪產業瞭若指掌，連機器發生故障，都知道如何修理；而他接班時，一切都得從零開始學習。他自豪地說，經過多年歷練，對每個製程皆可全盤掌握；近年來，高鋒針織每10個創新產品，約有8個源自其發想。

然而，在21世紀初，受惠於材料科學的長足進步，諸多機能性纖維相繼問世，帶動紡織相關產業新浪潮，亦成為高鋒針織轉型的契機。高鋒針織透過結盟，既能掌握上游最新機能性纖維，又可精準研判下游產品的未來趨勢、走向，成功搶得市場先機。

在上游，高鋒針織主要合作機構為財團法人紡織產業綜合研究所（簡稱紡研所）。當紡研所研發出新的纖維，大多優先延請高鋒針織進行打樣，協助行銷、推廣相關事宜；因此，相較大多數競爭者，高鋒針織可較早獲知新纖維的訊息，較易拉大領先競爭者的距離。

縱使在新纖維資訊上，領先其他同業；但在取得新纖維後，如何以其開發新產品，仍是嚴峻的挑戰。高鋒針織曾指派一位專業人員，研發某種新纖維的應用，花了整整1年的時間，才略有所成；但縱使開發出新產品，如何說服客戶採購，

又是一項大工程。

積極赴海外參展

　　襪子製程與內衣製程最大差異之處，在於染色、定型環節。襪品對色要求較低，內衣對色要求較高；蕭巽益感嘆地說，當高鋒針織開發出新的內衣產品時，屢屢找不到可配合的染布廠，只得併購一家染布廠，並請設備廠商針對新產品的特質，量身打造新設備，才讓新產品源源不絕問世。

　　在內衣產業，高鋒針織主要客戶為品牌商；但品牌商多半較為保守，在蕭巽益不斷力推下，才逐漸接受以機能性纖維紡製的產品。他分析，以機能性纖維紡製的產品，因價格略高，使品牌商猶豫不決；但因市場反應頗為理想，品牌商遂廣為接受，使機能性纖維製品市佔率節節攀升。

　　在2007年，機能性纖維製品市佔率僅約10%；但在今日，其市佔率已超過60%。但蕭巽益直言，台灣市場不大，唯有開拓海外市場，方可擴大利基，對中小企業而言，到海外參展，實為最簡捷、便利的道路；高鋒針織選擇跟隨政府機構舉辦的海外參展團，而每一次參展，幾乎都有斬獲。

　　高鋒針織最常跟隨的政府機構，為財團法人中華民國紡織業拓展會（簡稱紡拓會）。蕭巽益強調，與自行參展相較，

參加政府機構舉辦的海外參展團事半功倍，不僅政府機構補助50%的團費，在海外會展，政府機構更擘劃台灣專區，激發群聚效應，較易吸引國外客戶的目光，「有些在會展認識的客戶，不見得立即下單，而是隔好個月再下單。」

不斷推出新產品

在2013年前，蕭巽益每年至少出國參展3次，高鋒針織也逐步開展國外市場，特別是歐洲市場；歐洲國家環保法規，遠比其他國家嚴謹，但高鋒針織的產品仍順利通過檢驗。在可見的未來，高鋒針織鎖定的目標市場，當是消費力大幅高漲的中國。

進入全球化時代，紡織相關產業供應鏈重新洗牌，台灣廠商應認清自己的定位，才不至於捨長就短、自尋死路。蕭巽益不諱言，若論紡織技術、產品品質，高鋒針織尚不及歐洲廠商，「產品相鄰陳列，感覺就是矮人一截」；但若要比產量，又非中國廠商的對手。

蕭巽益認為，歐洲廠商的長處在於，針對同一種產品，不斷精進品質，中國廠商的優勢則是有源源不絕的低廉勞動力為後盾；因此，高鋒針織自我定位為新機能性產品的開拓者，不斷開發新的產品，與歐商、中商進行明確的定位區隔。

　「可預見的是，當某款新機能性產品大發利市後，中國廠商勢必將仿製、量產。此時，高鋒針織就得不斷出奇制勝，否則將無立足之地。」蕭巽益表示，往後的每一年，高鋒針織都將推出新產品，維持與競爭者的差距，避免被拉近。

　蕭巽益強調，當下資訊流通速度愈來愈快，廠商難以長期維持技術優勢，但其有弊亦有利，且利多於弊，常有新客戶登門造訪；台商應加快研發速度，擴大領先優勢，實無停下任何腳步的時間。

高鋒針織小檔案：

創立：1970年

董事長：蕭巽益

產業別：襪品、內衣

地點：彰化縣社頭鄉

轉型心法：透過結盟，掌握上游最新機能性纖維，又可精準研判下游產品的未來趨勢，搶佔市場先機；且勇於投資，併購染布廠，積極投入研發，並透過海外參展，開拓歐洲等市場。

5 | 技術、製程屢創新 特鼎工業擺脫追兵

昔日，台灣傳統產業習慣安步當車，總相信「以不變應萬變」、「甘願做牛，免驚無犁通拖」，未曾認真思考過轉型，反應逐漸牛步化。然而，隨著眾企業大舉西進中國，造成傳統產業訂單嚴重流失；加上科技日新月異、產業界線逐漸模糊，且全球化時代到來，未大力投入創新的傳統企業，尤其是中小企業，像被耕耘機取代的耕牛，隨時都可能被送入屠宰場。

創立於 1979 年的特鼎工業，原生產螢幕、汽車音響、五金零組件等，為台灣前幾大沖壓業者之一。隨著時代、產業潮流數次轉向，其主力產品現已轉為汽車、飛機、3C 產品的金屬零組件，與 LED 電視、LCD 電視背蓋，及伺服器、電腦硬體設施、手持電子裝置的零組件等。

西進中國、榮景重現

特鼎工業創辦人暨董事長黃啟瑞回憶，在 22 歲時，他初踏入職場，在電子公司上班；25 歲時，毅然決定辭職創業，

創立特鼎工業。他微笑地說,在20世紀70、80年代時,台灣創業風氣相當鼎盛,許多年輕人都想開創自己的事業,他也一直懷抱創業夢想,「我打的算盤是,倘若創業失敗,就回鍋當上班族!」

剛創業時,黃啟瑞以積蓄購置數台機台,聘請4名員工,開始投入沖壓產業;初期主要生產汽車音響,後轉至電視螢幕。幸而,當時台灣製造業扶搖直上,特鼎工業靠著承接其他廠商無意承接的小訂單,如數十台螢幕到上百台的訂單,成功存活下來,並逐漸擴大規模;創業約4年後,隨著電視產業勃興,特鼎工業進入了第1個輝煌期。

但好景不長,到了20世紀90年代,台灣製造業生產基地大舉遷移至中國,包括特鼎工業諸多客戶;黃啟瑞苦撐了數年,但眼見訂單逐年快速遞減,終於在1997年,於中國廣東省東莞市成立生產工廠,並於2002年在江蘇省崑山市再成立生特鼎崑山廠,不僅安然度過危機,企業員工數更從西進前的20餘人,成長至逾1500人,業績亦翻了好幾番。

「選擇到東莞、崑山設廠,在於兩地為中國電視產業重鎮,特鼎工業舊客戶生產基地多半遷移至此。」黃啟瑞微笑地說,當特鼎工業揮師中國後,立即與舊客戶恢復聯結,訂單更如雪片般湧進,「必須不斷添增人員、設備,才能如期出貨。之後,更成為多家知名電視企業指定合作的沖壓業者。」

技術上不斷推陳出新

不過，黃啟瑞坦承，傳統沖壓技術已臻至成熟，現僅能在模具上進行些許變化，可賺取的利潤愈來愈微薄，特鼎工業唯有不斷精進生產技術細節，跳脫傳統沖壓製程，持續嘗試推陳出新、另闢蹊徑，或將技術應用於新產品，方能擺脫速度愈發迅猛的追兵。

在模具技術上，特鼎工業與日本龍頭模具企業合作，並向其學習最先進的技術，生產速度已提升至競爭對手的2倍。而在沖壓製程技術上，特鼎工業不斷進行創新，期許可再進一步拉抬生產效率，並創造產品的獨特性。

在傳統沖壓製程中，若要在沖壓件上製造紋路，需經過噴砂、拉絲等步驟，但其生產效率較低，且可刻印的紋路頗為有限。特鼎工業特研發熱塑成型技術，在製程中調整溫度、壓力，可細膩地刻印精美的浮雕，使產品更具質感，還可一體成型，且在沖壓件邊緣有弧度處刻印紋路。

除此，在生產液晶電視、螢幕背框的製程中，若採用傳統沖壓技術，其將對沖壓件進行裁切，材料浪費比例頗為可觀；為此，特鼎工業引進鐳焊機，將材料浪費比例約降至傳統沖壓技術的50%，可節約鉅額的成本。

以模具設計能力為傲

特鼎工業創立時，黑白CRT（cathode ray tube，映像管）
電視機仍是主流，此後陸續進入彩色CRT電視機、LCD電視
機、電漿電視（plasma display panel，PDP）時代；近年來，
除了體積更薄、重量更薄，電視機尺寸不斷創新高，已是電視
產業不可逆的趨勢。

當下，特鼎工業可承接的電視機尺寸，已達100吋。黃啟
瑞直言，隨著電視機尺寸增加，需要的沖壓機台愈來愈大，製
造成本亦愈來愈高；因為製造成本不斷墊高，形成難以攀越的
藩籬，令競爭者無力追趕。

在沖壓產業，特鼎工業得以鶴立雞群的關鍵，除了沖壓技
術過人，更在於設計能力卓越超群。大多數沖壓廠並無自行設
計能力，只能依客戶提供的設計圖照章生產，無論工業設計、
機構設計、模具設計，皆當行出色；尤其是模具設計能力，更
是其傲視競爭對手的核心能力。

然而，全球金融海嘯再次重創特鼎工業。其實，在2008
年全球金融海嘯爆發之初，特鼎工業訂單受影響甚微；未料，
到了2009、2010年時，縱使諸多產業研究報告皆言，景氣春
燕即將復臨，但訂單量卻慘跌，其因應變不及而深受其害，花
了數年的時間，才爬出谷底，重回營運正軌。

設鼎藝科技創立品牌

不過，因為電視產業發展已臻成熟，薄利化亦衝擊特鼎工業。因此，特鼎工業遂轉向生產光電產品零組件、伺服器，適逢一家電子大廠創立，並接獲其訂單，轉型得以水到渠成；經過一番努力，其客戶遍及全球各電子大廠，伺服器亦獲多家國際級資通訊（ICT）企業的認證。現在，來自光電產品零組件的營收，已逾整體營收的60%，伺服器、模具則分佔其營收的第2、3名。

「並非將生產基地移至中國，台灣企業就可順利完成轉型。」黃啟瑞直言，中國競爭壓力猶勝台灣，且台商習慣單打獨鬥，不願互通有無、精誠團結，加上中國工資持續攀高，中國製造、台灣製造成本差距日益縮短，處境已日益艱難，「台商若不思創新，仍將快速被市場淘汰。先前在中國設廠的台商，已約有一半撤出中國了！」

只是，特鼎工業長期偏重技術研發，卻乏自主品牌；當黃啟瑞子女等企業第2代從海外學成歸國後，決意扭轉此一劣勢，特鼎工業遂於2013年成立鼎藝科技。鼎藝科技在特鼎工業的技術、資源支援下，以國際知名工藝設計師為後盾，運用繁複、精準的工藝，打造猶如藝術品般的3C限量精品；目前，其已創立TeicNeo品牌，致力打造可應用於各大品牌手機

的金屬保護殼。

　　「其實,台灣中小企業創新能力極強,但製造能力猶嫌不足。」黃啟瑞強調,在產品品質、技術,台灣廠商仍努力追趕先進國家廠商,但中國廠商已在後方奮力緊追,台商若不積極轉型、加快腳步前進,很容易就被追趕者超越!

特鼎工業小檔案:

創立:1979年

創辦人暨董事長:黃啟瑞

產業別:沖壓模具

地點:新北市土城區

員工數:1500多人

海外據點:中國

轉型心法:精進製程技術,提高生產效率,並創造產品獨特性,且結合技術與創意,開創設計工藝產品。

第四章

新理念

1 | 新理念另闢蹊徑
讓企業再創巔峰

　　孟子曾言：「民之為道也，有恆產者有恆心，無恆產者無恆心。」他認為，一般人的行為模式，擁有恆產者才會有恆心，沒有恆產者就不具備恆心。但孟子卻也說過：「無恆產而有恆心者，惟士為能。」期許知識份子縱使身處貧賤，依然能固守信念。

　　影響企業轉型成敗的因素甚多，企業主是否可堅持到底，當是關鍵因素之一。恆心若非來自恆產，便緣起於信念，而信念總基於新理念；企業主若非富二代，就得有「泰山崩於前而色不變」的過人信念。企業主唯有秉持新理念，方可從容面對新趨勢、新需求與新競爭，帶領企業蛻變、羽化，長出飛向新紀元的翅膀。

堅持新理念　主動求新求變

　　中小企業甫創立時，無論人力、資源皆頗為匱乏，為了求生存、求成長，企業主自以獲利為首要目標，所思所為不外

乎如何節約採購、生產成本，並積極開拓新訂單。只是，當企業成功後，若遭遇發展重大瓶頸、挑戰，再延用昔日的經營邏輯、思考模式，恐怕將踢到鐵板，寸步難行；若不思轉型，恐怕很快便被時代、產業洪流所淘汰。

傳統產業的中小企業，更是如此。今日，全球已進入知識經濟時代，時代、產業潮流快速流轉，即便是傳統產業中的企業，愈是深度使用資通訊科技者，愈有機會躍居產業領導者；台灣中小企業經營者應知，舊思維無法帶領企業走出困境，亦無法再「一招打天下」，唯有注入新理念、新思維，才能跨越重重阻礙，重回快速成長的軌道。

前文曾提及新趨勢、新需求與新競爭，皆是推動企業轉型的可能動力，但其全濫觴自外部環境的變化。新理念則不同，其為企業經營者主動求新、求變，尋求自我突破；其可能源自企業經營者與眾不同的經營哲學，可能由新聘的專業經理人所帶入，也可能是企業第二代接班，注入與企業第一代迥異的理念、行事風格。

大多數中小企業經營者無不致力利潤最大化，希望以最低的人事、設備、製程成本，創造最高的收益。但總是有部分中小企業經營者不作此想，寧可犧牲唾手可得的近期利益，著眼於更長久、更遠大的利益，或追求與利益無涉的理想、願景，願意耗費較高的成本，並捨棄非核心業務的訂單。

被視為傻瓜　依然信守理念

這些企業經營者的經營策略，側重長期發展，不甚在意短期業績的起起伏伏，即使遭遇虧損，或被同業業者與協力廠商視為傻瓜、瘋子，甚至連內部幹部、員工也異議頻仍，仍然信守理念、不改其志。

愈來愈多中小企業，並非由創辦人所獨資成立，且原由創辦人獨資成立的公司，現大多歡迎其他企業、創投、天使投資者注資，不再高築壁壘。當股權多元化後，唯有打造現代化的企業管理機制，甚至將企業所有權、經營權分離，引進專業經理人擔任管理職，方可消弭眾股東之間的歧見、紛爭。

相對於企業創辦人、股東，專業經理人可較客觀地審視企業發展方向，為企業注入新理念，型塑企業新風貌、新形象。而透過業績考核機制，與董事會的監督、制衡，既可約束專業經理人守法、不逾矩，亦可激勵其發揮最大戰力，帶領企業前進。

無可諱言，台灣大多數中小企業都是家族企業；根據政治大學司徒達賢教授的研究，國內企業幾乎都還在創業家族成員的掌控下。隨著時代潮流快速流轉，雖然愈來愈多企業經營者意識到，引進專業經理人，實為企業經營之上策；但泰半企業主仍師心自用，選擇交棒給自己的兒女。

先說服員工　避免演獨角戲

不過，企業第二代接班後，不見得蕭規曹隨，許多人反倒有自己的理念。原因在於，企業第二代學歷普遍高於第一代，留學歸國者更不在少數，眼界、知識水準較父執輩高遠，可能看到其所未見的企業危機；加上，他們為了樹立個人威信，擺脫父執輩陰影，對理念更加執著，更堅定推動企業轉型。

由新趨勢、新需求與新競爭推動的企業轉型，雖然也頗為不易，但因時代、產業潮流轉向已頗為顯明，困難度略低於由新理念所啟動的企業轉型。畢竟，企業經營者無法一意孤行，唯有讓幹部、員工也服膺自己的理念，才能上下一心、同舟共濟，戮力推動轉型；否則，獨角戲將註定失敗。

台灣日邦樹脂、品卓企業、捷芮國際、豐禾健康蔬果等4家分屬不同產業的中小企業，轉型成功的關鍵，都在於企業經營者的理念卓越超群，且不因困難、險阻而動搖，最終都見到雨過天青，理念開花結果。

長年執台灣接著劑領域牛耳的台灣日邦樹脂，為台商、日商結盟的典範之一。但創辦人暨董事長張世華相信，唯自助者方得人助、天助，故致力提升技術層次，促使合資夥伴日立化成轉移較高階的技術、產品；現更以華人市場接著劑領導者為目標，積極研發高附加價值的新技術、新產品。

營運高峰時　最適進行轉型

　　針對不同產業的需求，台灣日邦樹脂更為其量身訂製，生產專用的接著劑。如今，在紡織、機車、汽車、航太、冶金、建築、電子電機、機械加工、醫療衛生等產業的產品製程中，都見得到台灣日邦樹脂接著劑的蹤跡。

　　願在企業營運尚處於高峰時轉型，是品卓企業持盈保泰的關鍵。品卓企業創辦人、總經理許能竣直言，大多數企業處於順境時，皆不肯轉型，或嘴巴高喊轉型，卻不肯付諸實際行動；等到企業深陷泥淖時，想轉型已有心無力。

不坐以待斃　奮勇殺出血路

　　因有感於代工業務日益薄利化，訂單不斷被中國業者搶奪，許能竣決定自創品牌，包括蛋糕毛巾與購物袋品牌優尼克、袋子品牌Deya。在自創品牌的過程中，品卓企業雖遭逢諸多挑戰，但業績仍可持續成長；當下，其品牌產品的營業額，已約佔整體營業額的40%，代工業務營業額則下降至約60%。

　　捷芮國際既是小型家電製造商，又是美寧家電的總代理；其不以大賣場為主要通路，專攻電視台等虛擬通路，如願另

關蹊徑、殺出重圍,在早已如戰國的家電產品市場中,立穩腳跟、徐圖前進。

雖然專攻虛擬通路,最後出奇制勝,但捷芮國際創辦人暨總經理于樹森坦承,初期實不得已而為之;因為,傳統通路早已被家電大廠所壟斷,猶如銅牆鐵壁,新創企業根本找不到縫隙可切入。經過10餘年的奮戰,捷芮國際不僅躍居台灣電視購物台最大的本土家電供應商,現更準備進軍國際市場,包括中國市場。

豐禾健康蔬果前身為全聯農產,早期的農產品產銷模式,與大多數合作社、蔬菜產銷班無異,雖然獲利穩定,商業模式卻頗為僵化;在大賣場躍居農產品主流通路後,其獲利不斷遭侵蝕,若不及時轉型,勢必將愈來愈弱勢,甚至無利可圖。

代工薄利化　轉型方有生路

為了與大賣場平起平坐,董事長王彥森決定將全聯農產改制為公司,即豐禾健康蔬果;並進行組織再造、引進創投資金,導入資訊化管理系統,更強化營運能量、增加販售的品項,跨入加工品市場,且創立自有品牌「綠田農場」,希望藉此招徠優秀人才。

綜觀台灣日邦樹脂等4家中小企業,企業經營者不僅理念

與時俱進，超越墨守成規、故步自封的同業，更兼具過人的堅強韌性，就算大風大浪迎面襲來，依舊處變不驚、毫不驚惶，或專注於提升技術層次，或奮勇創立自有品牌，終於帶領企業走出一條不一樣的道路，創造企業的新榮景。

1992年，當時的宏碁電腦董事長施振榮在《再造宏碁：開創、成長與挑戰》一書中提及，代工業者唯有發展高附加價值的技術、品牌，才能脫離低利潤的宿命；雖然在發展技術、品牌的初期，企業獲利將如溜滑梯般下滑，但待技術、品牌逐漸成熟後，企業獲利將再攀登巔峰，整個過程形成一道美麗的微笑曲線（Smile Curve）。

台灣昔日被譽為「代工王國」，諸多中小企業皆賴代工起家、發家；但因代工企業受制於客戶，主導性較低，若遭逢時代、產業潮流變遷，無論面對新趨勢、新需求或新競爭，不僅營運倍加困難，獲利率更將雪上加霜，不斷探新低。

B2B 精研技術　B2C 發展品牌

檢視台灣日邦樹脂等4家中小企業的轉型方向，發現企業原主力業務若為 B2B 模式，即主要客戶亦為企業，多朝精進技術方向前進；企業原主力業務若為 B2C 模式，即主要客戶為一般消費者，多著力於創設自主品牌，以提升在市場的能見度、影響力。

　　例如，台灣日邦樹脂原主力業務為B2B模式。因此，在著手轉型時，皆全力精進技術，拉抬企業自身價值，使其技術、產品無法輕易被競爭對手取而代之，避免墮入紅海市場的惡性競爭。

　　此類企業雖然在產業供應鏈中扮演關鍵角色，但社會知名度通常頗低；除了媒體記者、工廠所在地居民與此產業的從業者，其他人可能從未聽聞。德國管理學者赫曼·西蒙（Hermann Simon），特將這一群「名不見經傳」、卻執特定產業技術之牛耳的企業，稱為「隱形冠軍」。

　　捷芮國際、品卓企業原主力業務為B2C模式，在過去的代工經驗中，深刻感受全球知名品牌的巨大吸引力，讓眾多消費願意以較高的價格購買；因此，其在轉型時，皆以創設自主品牌為首要目標。於是，捷芮國際主打美寧家電品牌，品卓企業開發袋子品牌Deya，雙雙成效斐然。

2 ｜ 台灣日邦樹脂天助後人助
終成華人市場接著劑王者

　　曾有西方國家媒體形容韓國，猶如被中國、日本、美國、俄羅斯等鯊魚群環伺的小蝦米，唯有憑藉過人的智慧、手腕，方能列強包圍下生存。無奈地，台灣處境比韓國更加嚴峻，如何與鯊魚群共舞，不被鯊魚群吞噬，則是永恆的課題。

　　與中國、日本、美國等大國相較，台灣堪稱小國寡民，不僅本土市場胃納有限，企業研發能量亦難與國際級企業並駕齊驅，但若懂得縱橫捭闔，利用自身優勢與眾鯊魚之間的矛盾，依然可在全球產業供應鏈中，扮演不可或缺的角色。

台商、日商結盟典範之一

　　例如，日本大企業的技術能量、國際佈局，無論深度、廣度，皆遠超過台灣企業，其在全球攻城掠地，大多頗為順遂，唯獨在中國市場，而台灣與中國語言相通、文化相近，台商立足點遠優於日商；台商若能與日商結盟，不僅有助於提升自身技術能量，更有利於開拓中國市場與其他國家市場。

　　長年執台灣接著劑領域牛耳的台灣日邦樹脂，即是台商、日商結盟的典範之一。台灣日邦樹脂創辦人暨董事長張世華，先於1979年創立台灣慶邦公司；有感於日商強大的研發能力，遂於1986年，與日本接著劑及填縫工業龍頭企業——日立化成（Polymer）株式會社的子公司日立化成高分子，合資成立台灣日邦樹脂，專事生產接著劑。日邦兩字，分別取自日立化成，與台灣慶邦公司。

　　台灣日邦樹脂今日的主力產品，包括熱熔膠（Hot Melt Adhesive）、環氧樹脂（Epoxy）、濕氣反應型熱熔膠（Reactive Hot Melt Adhesive）、雙面膠帶（Double Side Tape）、導熱膠（Thermal Conductive Adhesive）、背膠銅箔（Resin Coated Copper，RCC）、工業級玻纖或碳纖維布、環氧樹脂預浸料與複材、熱固型聚醯亞胺（Polyimide）複合材料、UV光硬化型接著劑（UV CURE Adhesive）等。

　　當下，台灣日邦樹脂總公司位於嘉義縣民雄鄉，研發中心設在嘉義縣大林鎮的大浦美園區，生產基地與銷售中心分別位於中國江蘇省無錫市、崑山市，與廣東省東莞市。在研發中心落成、啟用後，台灣日邦樹脂現正全力投入研發「特用複材」、「結構設計」2大高階複材，積極開發高附加價值的新技術、新產品。

從模糊的日本到與日本企業結盟

　　生於 1946 年的張世華謙稱，在創業前，其學歷、經歷與化學產業皆無關，迄今仍只認識幾個化學式，台灣慶邦公司原是進出口貿易公司，因為買賣接著劑，才有機緣與日商合創台灣日邦樹脂，從銷售端邁入製造端。

　　身為「外省第二代」的張世華坦承，受台灣教育影響，自幼便不會主動去了解日本。開設台灣慶邦公司後，他先後向美國、英國、德國、澳洲、日本、新加坡等國家的企業購進產品；然而，與其他國家企業產品相較，日本企業產品最為精良、耐用，讓他對日本的印象大為改觀。

　　「日本企業售後服務，不僅快速，且態度和善，是我決定與日本企業合作的關鍵。」張世華回憶，在 20 世紀 80 年代，網路尚未崛起，國際通訊只能仰賴傳真與電報（Telegraph Exchange），「當產品出現問題，台灣慶邦公司得向出貨企業查詢可能原因與解決方式，歐、美國家企業的回覆時間，通常是 2 個星期，就連通曉中文的新加坡企業，也得拖上 1 星期。唯獨日本企業，總是當天就回覆。」

　　而到日本參訪後，街景乾淨整齊、人潮井然有序、店家溫文有禮，更讓張世華深為折服。與日立化成高分子合資成立台灣日邦樹脂時，台灣政府仍鼓吹「家庭即工廠」，但張世華已

決定進軍國際市場；為達成此目標，他嚴禁財會專業的太太來察看台灣日邦樹脂的帳務，並由日立化成高分子派遣幹部，擔任總經理。

致力開發不同產業新應用

創立台灣日邦樹脂之初，張世華便立定願景，不以產製傳統產業所用的接著劑自滿，更要打進高科技產業供應鏈，朝華人市場接著劑領導者的目標前進，並致力開發其在不同產業的新應用。

日立化成規模龐大，集團員工人數逾2萬人，在全球擁有數百個據點。台灣日邦樹脂雖深切期待，從日立化成高分子取得最先進的接著劑技術、產品，但礙於自身技術能量不足，遲遲無法如願。

然而，台灣日邦樹脂成立後數年，並無開創性的新產品面世。張世華決定，改變與日立化成高分子的合作模式，保留日籍總經理，請回其他原本常駐台灣日邦樹脂的日籍顧問，當技術、產品研發遭遇瓶頸時，再請他們來台指導。

如此，台灣日邦樹脂便可撙節可觀的人事成本，開始與大學、研究機構進行產學合作，以期在技術、產品上有所突破；產學合作單位，包括中科院、工研院與中正大學等。透過產學

合作，台灣日邦樹脂得以精進複材技術、製作經驗，並培育機構設計、製造加工的專業人才。

參與中科院科專獲益匪淺

自2001年起，由中科院主導的科專、軍品釋商計畫，凡與接著劑相關者，台灣日邦樹脂幾乎無役不與，隨著技術能量逐步提升，終讓日立化成重視日邦的存在價值。加上日立化成有意調整台灣、中國、東南亞國家等市場的戰略，遂漸移轉較高階的技術、產品，令台灣日邦樹脂如虎添翼，在多項接著劑產品上，當下皆為該領域的王者。

針對不同產業的需求，台灣日邦樹脂更為其量身訂製，生產專用的接著劑。如今，在紡織、機車、汽車、航太、冶金、建築、電子電機、機械加工、醫療衛生等產業的產品製程中，都見得到台灣日邦樹脂接著劑的蹤跡。

不過，接著劑應用層面雖廣泛，一般民眾卻難以察覺其存在。張世華以汽車為例，從前車燈到後車燈，許多裝備、零組件在製程中，皆得應用接著劑；早年，只要下過大雨，就可在汽車車燈燈罩裡發現水滴，常引發車燈故障，危及行車安全。但在車燈製造、接著劑技術雙雙提升後，此景已成追憶。

除此，愈新穎的車款使用的複材比例愈高。實堪稱隱形冠

軍的台灣日邦樹脂，其複材不僅可抵禦攝氏1,000度高溫達30
分鐘，平時還可耐攝氏400度的高溫；而競爭對手的產品僅能
耐攝氏200度，自不敵台灣日邦樹脂。

在大埔美園區設研發中心

　　耐高溫的複材，現已成若干產業設備的材料新貴。張世華
指出，在全球原油價格尚未崩跌前，頁岩油（Shale Oil）、頁
岩氣（Shale Gas）被視為紓解世界能源危機的新救星，開採頁
岩油、頁岩氣時，傳輸管線若以鋼鐵製成，非但價格偏高，且
容易鏽蝕，耐高溫的複材被譽為當今最佳材質。

　　在大埔美園區設立研發中心，台灣日邦樹脂亦被視為台商
「鮭魚返鄉」的一員。張世華直言，研發中心選擇落腳大埔美
園區，主要考量因素有二：首先，台灣日邦樹脂總公司位於嘉
義縣民雄鄉，兩地距離不遠，驅車只要10分鐘，方便人力、
資源相互流通；其次，大埔美園區每坪土地售價僅1萬5千
元，遠比其他工業園區低廉。

　　「在我看來，創業成功與否，差別在於可否堅持初衷。」
張世華感慨地說，中小企業創業史必定是一部滄桑史，在開拓
事業版圖的過程中，創業者無不頭破血流、滿身傷痕，「贏家
通常是堅持到底者，縱使在創業途中，曾經一敗塗地，但仍鼓

起勇氣、重新振作,絕不輕言放棄!」

　　篤信基督教的張世華強調,創業者當深切體悟,唯自助者
方得人助、天助,台灣日邦樹脂雖有日立化成這樣優秀的合作
夥伴,但若不自立自強、奮發向上,也難獲日立化成的青睞,
得到想望中的奧援。

　　「創業者不一定得是企業所屬產業的專家,但一定要尊重
專業,並懂得整合各領域的人才。」張世華自豪地說,因為他
相信專業,一個月才看一次帳,且企業從無內帳、外帳之分,
從來就是一本帳,卻從未發生過財務危機,「企業追求的目
標,不應是每年數%的緩慢成長,而是跳躍式、呈倍數增加的
快速成長,否則將難以躍居產業龍頭!」

台灣日邦樹脂小檔案：

創立：1986年

創辦人暨董事長：張世華

產業別：接著劑、複材

地點：嘉義縣民雄鄉

海外據點：中國

轉型心法：致力提升技術層次，促使日立化成轉移較高階的技術、產品，並以華人市場接著劑領導者為目標，積極進行產學合作，研發高附加價值的新技術、新產品。

3 | 品卓在巔峰時轉型
deya邁向台灣精品之路

只要稍稍涉獵大明帝國歷史，就一定讀過「故論考謂：明之亡，實亡於神宗。」、「論者謂明之亡，不亡於崇禎，而亡於萬曆。」等文字。歷史學家黃仁宇在《萬曆十五年》一書，針對明神宗（年號萬曆）怠政，有如親臨現場般的生動描述，令讀者無不掩卷唱嘆。

萬曆一朝，是大明帝國由盛轉衰的轉振點。前期，在首輔張居正的主政下，國勢攀登最巔峰；萬曆10年，張居正辭世，明神宗因立儲一事與諸臣意見相左、齟齬日深，最後甚至長達30多年不上朝，造成國家機器空轉，國勢就此江河日下、欲振乏力。

自創品牌產品業績達4成

創業維艱，守成不易，但轉型比創業、守成難度更高。然而，願在企業營運尚處於高峰時轉型，則是品卓企業持盈保泰的關鍵。品卓企業創辦人、總經理許能竣直言，大多數

企業處於順境時，皆不肯轉型，或嘴巴高喊轉型，卻無任何實際行動；當營運走下坡時，就像明神宗後的大明帝國，雖深知非轉型不足以振衰起敝，但實已無力轉型，一切努力都將徒然無功。

創立於1993年的品卓企業，主要業務為承接國內外禮品、促銷贈品，箱袋包生產加工出口，優尼克購物袋、優尼克蛋糕毛巾並承接其他企業委託的OEM（original equipment manufacturer，代工生產）、ODM（original design manufacturer，委託設計製造）訂單；其創意設計總部位於台北市，生產基地設於中國及台灣兩地。

2011年，有感於OEM、ODM業務日益薄利化，訂單更不斷被中國業者搶食，許能竣決定自創品牌，如蛋糕毛巾與購物袋品牌優尼克、袋子品牌deya。在自創品牌的過程中，雖遭遇諸多困難、險阻，但業績仍持續成長；當下，品卓企業品牌產品的營業額，已超過整體營業額的40%，OEM、ODM業務營業額則降至約60%。

創辦品卓企業時，許能竣年方26歲。在創業前，他在廣告業任職，因工作之便，接觸諸多禮品、贈品，遂有創業之念；他微笑地說，創業者理應務實，評估所能掌握的資源、人脈，投入自己最熟悉的產業，不一定得堅持過去的夢想，否則將倍加艱辛。

巧思讓日常用品變身創意商品

　　縱使致力開發新產品，但許能竣感嘆，禮品、贈品技術門檻較低，極容易遭抄襲、模仿。當中國、東南亞企業崛起後，品卓企業OEM、ODM訂單急遽下滑，讓許能竣深感危機，「在國際禮品會展，感受最為直接、深刻。先前委託廠商的代表，從品卓攤位前走過，腳步卻毫不停留，直奔中國廠商攤位而去！」

　　面對中國、東南亞廠商低價搶單，許能竣頗為無奈地說，承接OEM、ODM業務，已愈來愈辛苦、痛苦；但台灣仍有80%以上的禮品、贈品業者，迄今仍堅守OEM、ODM業務，不願發展自主品牌，因為沒品牌環境，也不敢投入。

　　「台灣廠商製造技術精良，只要肯降價，依然可接到OEM、ODM的訂單，只是利潤、數量皆大不如前。」許能竣苦笑地說，承接國外大廠的訂單，大廠必定派員前來台灣查驗廠房，查驗標準相當嚴謹，為符合其標準，台灣廠商常得耗費鉅資，購置昂貴的設備，「大廠還常拿中國廠商的報價，威脅台灣廠商降價。中國廠商為了搶單，甚至將生產基地移往全球勞動成本最低廉的非洲國家，台灣廠商根本無力還擊。」

緬懷過去將成絆腳石

晚近，因報價持續被壓低，OEM、ODM業務利潤不斷下修，最低甚至不到5%；若要擴大獲利，就得不斷擴廠，資本支出相當可觀，實非中小企業所能因應。許能竣坦承，發展自主品牌，雖猶如在荊棘叢林中前進，光是從製造思維轉為品牌思維，就頗為不易，卻不得不為。

例如，承接OEM、ODM訂單，數量皆以千為單位，少則數萬個，多則數十萬個，但只要做好產品及好的價格，不需要擔心市場銷量；但自創品牌產品卻是一個又一個地賣，有時一千個產品問世近半年，仍尚未售罄，一個通路據點頂多銷售20件，而在建立品牌的過程中，行銷、廣告費用勢難儉省，無不令企業聞之生畏。

「其實，諸多企業皆曾嘗試自創品牌，但因過程困難重重，或遲遲未見豐碩成果，最後被迫放棄品牌。」許能竣強調，「成功者沒有過去」，當企業進行轉型時，企業主應謹記「好漢不提當年勇，永遠要在最美麗的時候『轉身』」。如果不斷緬懷昔日榮光、驕傲，就無法真誠地面對現在、未來，轉型將註定失敗。

沒自創品牌之前，許能竣坦承，不知經營品牌如此繁瑣；但他肯定地說，唯有創立品牌，才能因應情勢變化而隨機調

整。在建立品牌初期，最難克服的關卡，莫過於打開通路；在批發通路，通路業者偏愛先進國家品牌，對台灣品牌沒信心，不少企業只得前往英國、法國、義大利等國家註冊品牌，再反攻台灣市場。

本土品牌被壓縮獲利沒獲認同

而在百貨通路，相對於進口品牌，本土品牌依然弱勢。原因無他，百貨通路認定，本土品牌產品為生產廠商利潤較高，抽成甚至高達30%以上，嚴重壓縮企業獲利空間，但其對國外品牌代理商卻較為寬容，抽成平均有時低於20%。

品卓企業第1個自主品牌，是為優尼克，發音接近英文的unique（獨一無二）；其結合環保、創意，推出優尼克蛋糕毛巾、環保購物袋，深獲歐洲消費者喜愛，熱銷數百萬個，可謂歐洲銷售第一品牌。然而，當優尼克系列產品暢銷後，仿冒商品亦隨之湧現，只得被迫降價以對。

之後，永遠有冒險創新精神的品卓又創立第二個品牌deya；在閩南語中，袋子發音即為deya。許能竣分析，關於袋子產製，台灣及台商擁有效率卓越的供應鏈，與高端技術、全球最佳材質，世界知名包袋品牌亦多由台灣企業代工，台灣實為隱型的包袋王國，卻無馳名國際的包袋品牌，殊為可惜。

　　他認為，若能強化創意、設計與台灣強大的紡織原物料開發能力等面向，台灣企業絕對有能力製造出令全球刮目相看的袋子。

在產品注入文化靈魂

　　目前，在deya品牌供應鏈中，約有30%至40%款式堅持在台灣生產，其餘根據市場發展需求大陸或東南亞生產。雖致力打造國際品牌，但品卓企業堅持，deya品牌在設計時，應保留台灣文化元素，要讓消費者一眼即知，deya是台灣品牌；在台灣以外的市場，品卓企業選擇與當地在地化接軌模式合作，藉由在地文化習慣選擇販售設計風格的包款，期能精準行銷立於不敗之地。

　　在創立自主品牌的過程中挫折不斷，有員工質疑：「還要繼續嗎？」許能竣解釋，自主品牌獲利速度遠較OEM、ODM訂單緩慢，前期更可能只看到「燒錢」，未見任何進項，不禁也會猶豫躊躇；但他深知，打造自主品牌猶如匍匐前進，路程既漫長又坎坷，但若只固守OEM、ODM業務，最終只能回到原點，無法再創新風華。

　　原本，品卓企業自主品牌行銷部人員，皆由OEM、ODM部門員工兼任。不久後，許能竣發現，製造思維與品牌思維截

然不同，才成立品牌部負責自主品牌行銷；佈建產品通路，品牌沒有任何捷徑，只能耐心地打通一個又一個據點，雖耗時、耗錢，但卻最為紮實、可靠。

價格低廉為品牌大忌

為了突破批發通路、百貨通路的限制，品卓企業現亦透過購物網站販售商品，希望實體、虛擬通路互補，發揮最大綜效，以拉抬優尼克、deya品牌的聲勢。

「長期以來，台灣企業以生產優質且平價的產品取勝。但價格低廉，實為建立品牌的大忌。」許能竣再三重申，「便宜沒有品牌」，建立品牌不能靠低價，「低價促銷叫賣貨，不是賣品牌」，「除此，自主品牌雖追求品質、美感，但也不能曲高和寡，只跟著自己的感覺走，不顧市場趨勢、消費者好惡。」

轉型策略deya品牌

經過市場的洗禮後，打造deya品牌的優勢，以台灣在地為軸心，許能竣興奮分享，deya於2017年獲得台灣精品獎，更是包袋業首家，也在5月份代表台灣在2017法國巴黎發明展以deya魔法3 in 1包，獲得金牌一面，而他運用的策略包括：

1. 運用台灣原生種黑熊與台灣原創品牌deya結合，設計代表台灣的「黑熊包」，並與台灣黑熊保育協會合作，每售出一個包捐款1%作公益及黑熊保育。

2. 使用台灣在地頂級國際一線品牌面料，N66頂級彈道尼龍，及寶特瓶回收紗，製作成環保自然的「光點熊包」。

3. 慕名而來的聯名包款，發揮加乘效益，包括deya X郭彥甫、deya X政大EMBA、deya X長榮航空、deya X diplomate、deya X台灣黑熊保育協會等。

在可見的未來，品卓企業在OEM、ODM業務基礎上，期待自主品牌產品營收能持續成長，佔企業整體營收的比例，可提升至50-60%，讓品牌之路愈走愈穩健。

品卓企業股份有限公司小檔案：

創立：1993年
創辦人暨總經理：許能竣
產業別：禮贈品deya包袋品牌
地點：台北市內湖區
海外據點：中國
轉型心法：結合創意、環保，為日常生活用品注入新意，並創立自主品牌，設計融入當地文化，但仍保留台灣特色，結合台灣優質供應鏈，產製高品質產品。

4 ｜ 從電視購物台異軍突起
捷芮國際成家電業新星

　　「黃樹林裡有兩條岔路，我選擇一條較少人走過的路，而這讓一切變得如此不同。」美國詩人佛羅斯特（Robert Lee Frost）的詩作〈未走之路〉（The Road Not Taken），最後幾句因常被台灣文人、政治人物引用，成為知名度最高的英文詩之一。若以此形容捷芮國際的成功之道，卻最為貼切。

　　創立於1998年的捷芮國際，既是小型家電製造商，又是美寧家電的總代理，主要產品包括洗碗機、除濕機與智慧型洗碗機等，其不以大賣場為主要通路，專攻電視購物台等虛擬通路，如願另闢蹊徑、殺出重圍，在早已如戰國的家電產品市場中，立穩腳跟、徐圖前進。

家電產業淪為弱勢產業

　　創業初期，捷芮國際的主力產品為影音光碟機，之後再跨入音響製造，現仍是台灣極少數可生產真空管音響的廠商。捷芮國際總經理于樹森回憶，自20世紀80年代以降，隨著影

音技術日新月異，主流影音放映系統從VHS、BETA系統轉換為VCD系統，再轉換為DVD系統，每每掀起波瀾壯闊的換機潮；分潤影音放映系統換機潮的龐大商機，即是他的創業初衷。

只是，當某種產品熱銷，其他台灣廠商必定一窩蜂跟進，讓藍海市場變為紅海市場，逼使捷芮國際不得不轉型，轉進家電產業。經過10餘年的奮戰，捷芮國際不僅躍居台灣小型洗碗機的翹楚，更是電視購物台最大的本土家電供應商；現更準備佈局進軍國際市場，包括中國市場。

在20世紀90年代前，家電產品原為台灣重要外銷商品之一。但此後，中國蛻變為「世界工廠」，吸引眾多台灣家電廠商、相關零組件企業西進；加上台灣逐步對外開放市場，令台灣家電產業原有的優勢盡失，反倒淪為弱勢產業，迄今仍欲振乏力。

在家電產品製造，台灣廠商堪稱辛苦備至；與中國廠商相較，既無成本優勢，又無產業群聚的利基。于樹森頗為無奈地說，捷芮國際剛創立時，台灣政府規定家電業者最多僅能進口50%的零組件；可是，台灣自製家電零組件價格遠高於中國家電零組件，捷芮國際只能想方設法壓低成本，不讓自家產品未戰先敗。

中國家電產品傾銷台灣

　　開放中國家電產品整機輸入後，台灣家電產業更無力還擊，市佔率節節敗退。當下，在台灣家電產品市場，約70%產品來自中國，僅約5%產品為台灣企業自製，其餘約25%的產品，則由美國、日本與歐洲等國家進口。

　　然而，在各大賣場家電產品區，消費者滿眼都是台灣品牌，罕見中國品牌。于樹森苦笑地說，大多數台灣家電企業皆奉行貼牌政策，即從中國家電企業直接購入產品，再貼上自家的品牌；不僅二、三線廠商如此，連一線廠商也幾乎全數「淪陷」。捷芮國際仍堅持台灣自製，尤顯難得。

　　一般家電企業莫不以大賣場為主戰場，在其眼中，電視購物台乃「不登大雅之堂」。不過，電視購物台問世後，快速捲起千層浪；自2000年至2010年，堪稱其「黃金10年」，年營業額曾高達約470億元。受惠於電視購物台勃興，捷芮國際業績亦蒸蒸日上，躍居為台灣最具代表性的家電廠商之一。

　　「選擇電視購物台為主要通路，實迫不得已。因為，傳統通路已被家電大廠所壟斷，猶如銅牆鐵壁，新創企業根本找不到縫隙可切入。」于樹森直言，在電視購物台，主力商品為珠寶、首飾，家電產品佔其整體營業額，僅約5%，「但我相信，實體通路影響力將逐漸下滑，虛擬通路將持續壯大，於是

仍決定投入。」

電視購物台抽成較單純

　　而且，相對實體通路，虛擬通路不僅上架費較為低廉，且可在極短的時間內，締造可觀的銷售佳績；加上電視購物台全天候播放，收視的觀眾可能多達數百萬人次，捷芮國際便不必再打廣告，節約的廣告費難以估算。

　　「最重要的是，電視購物台抽成相對單純。」于樹森不諱言，傳統通路抽成方式相當繁瑣、複雜，有時供應商以為獲利，但在精算後，才發現是虧損，徒生營運困擾，「以電視購物台為主要通路，時時皆如臨深淵、如履薄冰，片刻鬆懈不得。只要銷售成績略差，隨時可能被其他廠商取而代之！」

　　相對傳統通路，電視購物台更有利於消費者深入認識產品。以除濕機為例，當消費者踏進大賣場家電產品區，面對琳瑯滿目的數十種機種，常無所適從，不知哪一台最適合自己，最後通常選擇價格最低廉者。但在電視購物台，捷芮國際擁有約40分鐘的時段，可向觀眾完整地介紹自家除濕機的功能、特性。

　　自2000年以降，中國製家電產品大舉攻佔台灣市場。但久而久之，愈來愈多消費者醒覺，中國製家電產品固然售價低

廉，或效率不佳，或時常故障，若計入維修或換購新機的費用，反倒更不划算；他們願意以較高的代價，購置高品質的機種，但又無力承購從先進國家進口的機種，台灣製產品自是最佳選擇。

以標章、認證贏取信任

在電視購物台露出後，捷芮國際產品逐漸打響知名度；雖然其價格高出中國製產品一大截，業績仍一年高過一年。不過，于樹森強調，電視購物台為降低購物糾紛，對產品要求遠比大賣場嚴謹，家電產品得通過耐燃、防火、防水等多項測試，廠商才能取得時段；因為過程甚為繁瑣，且不一定可過關，其他家電大廠皆興趣缺缺，遂讓捷芮國際於電視購物台茁壯。

為了拉抬銷售成績，捷芮國際還在不同電視購物台購買不同時段，以「跳躍式行銷」策略，擴增收視人口，成效斐然。主攻電視購物台，不僅讓捷芮國際迅速晉升具影響的家電品牌，亦成功壓低庫存，舒緩營運壓力。

再以除濕機為例，捷芮國際產品的價格，比大賣場中國製產品高出數成；基於價格劣勢，其不斷強化除濕機功能與節目內容，希望讓電視購物台觀眾感到物超所值，願意拿起、撥出

電話下訂。

「捷芮國際的除濕機，已獲頒節能標章、MIT微笑標章，品質值得信賴。」于樹森指出，只要可深化消費者信任度的標章、認證，捷芮國際無不竭盡全力爭取，「更在電視購物台觀眾面前，拆解一整台除濕機，讓他們認識每個零件的功能，瞭解其運作原理，得以比較與其他機種的優劣。」

跨足購物網站較佔優勢

在2010年後，電子商務滲透率大幅增加，分食電視購物台市場，導致其營業額逐年遞減；自此，捷芮國際亦與大型購物網站合作，吸引網購族群的注意力。目前，電視購物台主要消費族群為銀髮族，購物網站主要消費族群為年輕人，兩者並不衝突，反倒可互補；捷芮國際分進合擊，有助於讓更多消費者接觸其家電品牌。

耕耘電視購物台的經驗，更讓捷芮國際跨足電子商務，佔盡優勢。于樹森解釋，在電視購物台約40分鐘的時段裡，若只介紹產品功能，內容必定相當「乾枯」，觀眾不久後便將轉台；唯有豐富的文字、影像，才能讓觀眾目不轉睛。

「將為電視購物台時段的文字、影像，移至購物網站，絕對比競爭對手更吸睛，更具說服力。」于樹森自信地說，為使

電視購物台時段內容生動、活潑，捷芮國際準備了多樣化的影像、動畫，其他專攻購物網站的廠商實實難以企及。

實體通路需要租房、聘僱員工，成本遠高於虛擬通路；因此，愈來愈多產業如藥妝業，當下皆主攻虛擬通路，降低在實體通路的鋪貨量。但于樹森分析，虛擬通路現亦已步入成熟期，約90%的營業額來自約前10%的供應商，另約90%的供應商僅貢獻約10%的營業額；新創企業想在虛擬通路中竄起，困難度愈來愈高。

結盟元山家電以求雙贏

專注於行銷，捷芮國際雖保留一條生產線，但與家電大廠元山家電結盟，擴大在家電市場的影響力。目前，捷芮國際的人員配置，業務人員約佔40%，客服與行銷人員約佔30%，生產線員工的比例已降至30%。

現持有捷芮國際19%股權的元山家電，除在中國設立生產基地，在高雄市仁武區、彰化縣和美鎮也有工廠；因承攬的代工訂單頗眾，磨練出精良、多樣化的製造技術。

捷芮國際與元山家電分工合作，捷芮國際專事品牌行銷、產品設計，元山家電則固守製造領域。由於捷芮國際較貼近市場，可針對市場趨勢轉變、消費者反應，調整產品設計，再由

元山家電負責製造，或由元山家電從現有的產品中，挑選最接近者，再予以修改；如此，更易生產出符合大多數消費者需求的家電產品，創造銷售佳績。

除了音響部門、家電部門，捷芮國際近年來更成立玩具部門，積極進軍玩具市場，主力產品為遙控類玩具，並創立自主品牌喜樂瑪（Cinema）。在實體通路賣玩具，門檻不甚高；於電視購物台販售玩具，卻至少得通過5種以上的認證，售價亦被迫墊高，但捷芮國際仍繼續堅持，期許可在中國製玩具充斥的玩具市場，殺出台灣製玩具的一條生路。

期可重新擦亮MIT招牌

在可見的未來，少子化、高齡化兩大浪潮，仍將方興未艾。捷芮國際既跨足玩具市場，又將觸腳伸向了銀髮族市場；其所研發的LED放大燈、移動式冷氣，皆深受銀髮族歡迎。有鑑於銀髮族已成電視購物台的主力消費族群，捷芮國際將擴大研發、製造銀髮族相關產品。

「中國經濟崛起，民眾消費力大幅提高，許多人不甘再忍受價廉物不美的家電產品，正是台灣製家電產品反攻中國市場的最佳時機。」于樹森更呼籲政府，減免除濕機等家電產品15%特種營業稅，期可提振台灣家電產業的競爭力，再度擦亮

MIT（made in Taiwan）的招牌！

> **捷芮國際小檔案：**
>
> 創立：1998年
>
> 創辦人暨總經理：于樹森
>
> 產業別：音響、家電、玩具
>
> 地點：桃園市平鎮區
>
> 轉型心法：貼近市場需求，專注產品設計、開發，主攻電視購物台等虛擬通路，並與元山家電結盟，強化市場競爭力。

5 扭轉盤商「菜蟲」形象 豐禾健康蔬果啟動改革、轉型

近年來，媒體熱衷報導高學歷、高收入年輕人回鄉務農的故事，愈來愈多人嚮往成為農夫，或過著田園的生活。而農產品盤商常被污名化為「菜蟲」，彷彿從業者是剝削農民利益的主兇。

然而，並非所有農產盤商都是黑心奸商，農民縱使有心直接向消費者推銷農作物，除非時間充裕、人脈極廣，否則難以達到產銷一體。農產盤商以往或有弊病，但仍是農產品從產地到消費者不可或缺的一環節。其亟需改革、轉型，而非被消滅。

獲利遭大賣場侵蝕

爭議之所在，亦是巨大商機之所在；優質的農產品盤商並非「菜蟲」，是仲介者、推廣者、安全把關者，是農民安心生產的後盾，讓消費者安心採買、食用的朋友。長年以來，彰化縣溪湖鎮一直是台灣農產品重要集散地之一，豐禾於此發跡、

茁壯，堪稱是農產品推廣、教育的典範。

　　豐禾健康蔬果前身為全聯農產，早期經營蔬菜產銷班；整合農民契作農作物，農作物收成後，再予以篩選、包裝，並販售至大賣場、超市等通路。全聯農產創辦人黃榆驊原從事金融業，先生原在大企業擔任生鮮蔬果採購；因先生採購生鮮蔬果頗有心得，更希望農民脫離盤商剝削，故決定自行創業，幫農友建立產銷通道。

　　全聯農產創立於1993年，黃榆驊無奈地說，他們夫婦原本只想當投資者，但因遲遲找不到幫手，被迫雙雙離職，全心投入創業。數年前，黃榆驊的先生英年早逝，她延請原在媒體擔任行銷職的表哥王彥森，負責全聯農產營運；在王彥森的擘劃、主導下，開啟一連串改革、轉型，帶領公司致力朝上市櫃的長程目標前進。

　　全聯農產早期的農產品產銷模式，與大多數生產合作社、蔬菜產銷班無異，商業模式頗為僵化；在主流通路百家競爭下，若不及時轉型，勢必將愈來愈不易經營，甚至終被市場汰換。

從產銷班改制公司

　　大賣場一向以低價策略搶市。早期，全聯是以產銷班起

家，營運規模不大，商品容易短缺，致常受銷售平台端抱怨。

故董事長決定將農產行改制為公司，更名為豐禾健康蔬果，除了進行組織再造、引進創投資金，導入資訊化管理系統，更強化營運能量、增加販售的品項，建立大冷藏庫、調節供需量，跨入加工品市場，並創設自有品牌「綠田農場」，希望藉此招徠優秀人才，把台灣農業向上提昇，幫農友創造福祉。

目前，豐禾健康蔬果共有2個廠區，分別位於雲林縣西螺鎮、彰化縣溪湖鎮，營運總部設於台中市。西螺廠負責分裝、處理葉菜類，溪湖廠負責分裝、處理水果與根莖類蔬果，及所有生鮮蔬果的配銷、運輸業務；每天晚上，都可看到川流不息的物流車龍，不斷進出溪湖廠區，將農產品向全台各地運送。

王彥森不諱言，將產銷班改制為公司，雖然增加營運成本，有利於型塑新形象，但吸引人才、創新營運模式，一直是農業發展的最大瓶頸。在農業大縣，連基層員工都難以召募，主管職更是一將難求，擴大營運面及建立公司名氣，是公司當務之急，也是引入人才之道。

契作範圍遠至台東

豐禾深知，若不厚植自身實力，難在瞬息萬變的潮流中生

存。當下,市面上常見的生鮮蔬果,豐禾健康蔬果幾乎皆能供應,出貨量已稍有經濟規模,在旱澇、風災、水災等引發農產品短缺時,豐禾尚能補足、供應,讓消費者有更多平價蔬果選購。

為了平穩物價與供應量,豐禾健康蔬果更擴大農產品契作範圍,從彰化縣一路向南延伸,甚至遠達屏東縣、台東縣。豐禾健康蔬果建立資訊化管理系統,定時派員前往產區拍照、記錄,並瞭解作物生長過程,並推估產量,以利行銷配套。

生鮮蔬果的保鮮期甚短,一般只有2到3天,今天收割的農產品,明天就得在大賣場、購物網站上架,時間相當匆促。農產品產銷從業者,無時無刻都在與時間賽跑,資訊化管理不僅可大幅縮減作業時間,並降低錯誤率,更可精準掌握契作農民耕作動態,對提升企業運作,有立竿見影之效。

全力推動有機履歷生產

由於食安問題頻傳,「在家安心食」的「自食族」與日俱增。豐禾目前與台糖契作有機蔬菜,並擴大履歷農作物的生產,將主攻都會上班族,更將推出各式套餐,提供消費者多元的選擇;讓消費者不出門,即有安心、安全的蔬果直送服務。

為了取得網購消費者的信任,豐禾健康蔬果全力推動有機

履歷生產，從有機農作物栽種前的土壤檢驗，到栽種時與出貨前的農藥檢驗，一律採資訊化管理，並持續對契作農民推行土壤用藥、施肥的教育，以保障消費者食的安全。

為了物盡其用，並降低食材浪費率，豐禾健康蔬果更將興建截切工廠。未來，豐禾健康蔬果在取得生鮮蔬果後，將先進行清洗、分級，品質、賣相俱佳者，將優先配送至大賣場予消費者，將賣相較差者則進行截切，提供給市場需求者，以免浪費農民辛勞的汗水，珍惜大地、敬愛農友，勿暴殄天物，這是豐禾經營的信念。

豐禾健康蔬果小檔案：

創立：1993年
創辦人：黃榆驊
董事長：王彥森
產業別：農產品產銷
地點：台中市
轉型心法：將產銷班改制為企業，引進創投資金，導入自動化管理系統，並建立自有品牌「綠田農場」，針對賣相不佳的生鮮蔬果進行截切，創造更多的經濟價值，更進軍電子商務市場，直接面對消費者。

新商業周刊叢書 BW0645

中堅實力2
台灣中小企業的峰迴路轉開拓之道

研 究 單 位／台灣經濟研究院
委 託 製 作／中租迪和（股）公司
內 文 撰 寫／高永謀
責 任 編 輯／簡伯儒
版　　　權／黃淑敏
行 銷 業 務／石一志、周佑潔

總 編 輯／陳美靜
總 經 理／彭之琬
發 行 人／何飛鵬
法 律 顧 問／台英國際商務法律事務所　羅明通律師
出　　　版／商周出版
　　　　　　臺北市104民生東路二段141號9樓
　　　　　　電話：(02) 2500-7008　傳真：(02) 2500-7759
　　　　　　E-mail: bwp.service @ cite.com.tw
發　　　行／英屬蓋曼群島商家庭傳媒股份有限公司　城邦分公司
　　　　　　臺北市104民生東路二段141號2樓
　　　　　　讀者服務專線：0800-020-299　24小時傳真服務：(02) 2517-0999
　　　　　　讀者服務信箱E-mail: cs@cite.com.tw
　　　　　　劃撥帳號：19833503　戶名：英屬蓋曼群島商家庭傳媒股份有限公司城邦分公司
訂 購 服 務／書虫股份有限公司客服專線：(02) 2500-7718；2500-7719
　　　　　　服務時間：週一至週五上午09:30-12:00；下午13:30-17:00
　　　　　　24小時傳真專線：(02) 2500-1990；2500-1991
　　　　　　劃撥帳號：19863813　戶名：書虫股份有限公司
　　　　　　E-mail: service@readingclub.com.tw
香港發行所／城邦（香港）出版集團有限公司
　　　　　　香港灣仔駱克道193號東超商業中心1樓
　　　　　　E-mail: hkcite@biznetvigator.com
　　　　　　電話：(852) 25086231　傳真：(852) 25789337
馬新發行所／城邦（馬新）出版集團
　　　　　　Cite (M) Sdn. Bhd.
　　　　　　41, Jalan Radin Anum, Bandar Baru Sri Petaling, 57000 Kuala Lumpur, Malaysia.
　　　　　　電話：(603) 9057-8822　傳真：(603) 9057-6622　E-mail: cite@cite.com.my

封面設計／黃聖文
印　　刷／韋懋實業有限公司
經 銷 商／聯合發行股份有限公司　電話：(02) 2917-8022　傳真：(02) 2911-0053
　　　　　地址：新北市新店區寶橋路235巷6弄6號2樓

■2017年（民106）9月初版　　　　　　　　　　　　　　　Printed in Taiwan

國家圖書館出版品預行編目（CIP）資料

中堅實力2：台灣中小企業的峰迴路轉開拓之道
／台灣經濟研究院研究著. -- 初版. -- 臺北市：
商周出版：家庭傳媒城邦分公司發行, 民106.09
　面；　公分
ISBN 978-986-477-324-4（平裝）

1. 中小企業　2.產業發展　3.臺灣

553.712　　　　　　　　　　　106015783

定價330元　　　　　　　版權所有·翻印必究
ISBN 978-986-477-324-4

城邦讀書花園
www.cite.com.tw